INTELIGENCIA ESTRATÉGICA

ESCENARIOS HACIA MÉXICO 2025

OPERACIÓN SEGURIDAD

Mayo, 2024

INTELIGENCIA ESTRATÉGICA ESCENARIOS HACIA MÉXICO 2025

© Eduardo García Anguiano /
Operación Seguridad

ISBN: 978-607-98980-9-0

Primera edición: 2024

Impreso y Hecho en México
Printed in Mexico

José Bernechea Iturriaga
bernechea@gmail.com / creatica editorial
Corrección de estilo
Diseño editorial

Portada
Daniela Colunga Arrieta

D. R. Derechos Reservados conforme a la Ley
Registro Público del Derecho de Autor
Literatura

... por todo tu esfuerzo mamá...

Agradecimientos

*Expreso un reconocimiento:
a Magda y Lalo por sus palabras de aliento,
a Daniela por su imaginación y a
Paulina por el chispazo de originalidad.*

CONTENIDO

Introducción

Este libro está dirigido a todos aquellos que se interesan por el futuro de los Estados Unidos Mexicanos, en adelante México.

Si es de tu interés ese porvenir podrás leer tres capítulos:

Primeramente, encontrarás diversas ideas de lo que es la inteligencia estratégica, una disciplina que emplea muchos instrumentos para la consecución de sus propósitos, siendo uno de ellos la prospectiva.

Posteriormente leerás diferentes temas relacionados con la seguridad en una serie de artículos que publiqué en diversos diarios digitales: e-consulta, @ngulo 7, RelevanteMx y en operacionseguridad.com[1].

El estado de la situación de seguridad que de ese recuento se desprende me lleva a exponer diversos escenarios, en ellos se vislumbra un país de características singulares en tan polémico tema.

Amables lectores, ustedes se podrán preguntar ¿por qué escribir sobre estos tópicos en nuestros días?

La respuesta se encuentra en el momento político, porque cuando los nuevos gobiernos inicien sus actividades en la transición al año 2025, se encontrarán con una herencia peculiar producto de los acontecimientos de los últimos años en el ámbito de la seguridad.

---

1   En algunos artículos de las páginas electrónicas se hace referencia a diversos enlaces, por la fecha en que se consultaron pueden ya no estar en línea al momento de la elaboración de este libro.

1.- INTELIGENCIA ESTRATÉGICA, PROSPECTIVA Y ESCENARIOS

En el medio de la seguridad existen diversas clasificaciones de lo que es la inteligencia, una de ellas nos muestra su división en dos áreas: "Inteligencia por la temporalidad de su alcance: Estratégica y Operativa" (García Anguiano, 2023a, p. 21).

La inteligencia estratégica para la seguridad presenta un enfoque que busca recopilar, analizar y utilizar datos para prevenir, detectar y responder a los riesgos y amenazas potenciales a la seguridad.

Algunas de las características más importantes de este tipo de inteligencia para la seguridad se describen en los puntos siguientes:

INTELIGENCIA ESTRATÉGICA

Orientada a la prevención	Se enfoca en anticipar y prevenir posibles amenazas a la seguridad en lugar de sólo reaccionar a los eventos una vez que hayan ocurrido.
Analiza a profundidad	Trabaja la información recopilada para identificar tendencias, patrones y posibles implicaciones para la seguridad.
Se enfoca en la toma de decisiones	Apoya la toma de decisiones estratégicas en materia de seguridad al proporcionar información relevante y oportuna.
Coordinación y colaboración	Promueve la colaboración entre diversas agencias de seguridad, organizaciones gubernamentales y actores relevantes, para compartir información y trabajar colaborativamente para prevenir riesgos y amenazas.

La vigilancia, el análisis de inteligencia, la evaluación de riesgos, la planificación de contingencias y el entrenamiento en gestión de crisis, son algunas de las prácticas más comunes en la aplicación de la inteligencia estratégica para la seguridad.

Para tomar decisiones informadas y eficaces en la materia, la inteligencia estratégica se enfoca en identificar riesgos y amenazas potenciales, evaluar vulnerabilidades y anticipar posibles escenarios. Por lo que este tipo de inteligencia es una herramienta esencial para fortalecer la seguridad nacional de un país, proteger a las personas, a las instituciones y a los activos críticos de los ataques de los hostiles.

Uno de los instrumentos de la inteligencia estratégica es la prospectiva que emplea diferentes técnicas. En el libro "*Los Estudios del Futuro: problemas y métodos*", la prospectiva se clasifica en dos tipos de técnicas, las formales y las informales. Las técnicas formales son: el encuadre, las extrapolaciones, los impactos cruzados, la simulación y teoría de juegos, el pronóstico tecnológico, las discontinuidades tecnológicas, la evaluación tecnológica y el método Délfico. Las técnicas informales son: las intuiciones sistemáticas, las imágenes alternativas, las analogías y los escenarios (Hodara, 1984, p. 3).

En este libro emplearé los escenarios en el último capítulo, que generalmente se entienden como una representación de una situación hipotética o posible que se utiliza para planificar o prever hechos o eventos futuros potenciales.

Los escenarios pueden significar muchas cosas en diferentes situaciones:

Un escenario	Es el lugar donde se desarrolla una obra teatral o una película cinematográfica.
	En los videojuegos se refiere al ambiente en el que ocurre la acción del juego.
	Es una predicción o idea de cómo podrían ocurrir ciertos eventos o circunstancias en el futuro en el mundo empresarial.
	Puede ser una simulación de varias situaciones potenciales en el ámbito de la investigación y la ciencia para analizar sus efectos y ayudar a la toma de decisiones.

<table>
<tr><td>Teoría de escenarios</td><td>En la seguridad nacional es la práctica de analizar y planificar posibles situaciones futuras que podrían afectar la seguridad de un país. Se fundamenta en la idea de que no es posible predecir con gran certeza cómo se desarrollarán hechos o eventos en el futuro, por lo que es importante considerar diferentes escenarios y estar preparados para afrontarlos.</td></tr>
</table>

Por lo que la teoría de escenarios se utiliza en diversos ámbitos: en la planificación estratégica empresarial; la gestión de riesgos; las políticas de Estado o las políticas públicas, la toma de decisiones en las áreas anteriores; en la prospectiva y también en la investigación.

Al crear y analizar diferentes escenarios posibles, los gobiernos y las organizaciones pueden estar mejor preparadas para afrontar el futuro y adaptarse de manera más eficaz a los cambios y desafíos que se les presenten.

Los escenarios se crean a través de procesos de análisis y modelado de datos, tendencias, incertidumbres y factores externos, que pueden impactar en el entorno de un país o gran organización.

La teoría de escenarios también es una herramienta de planificación estratégica que se emplea para explorar y anticipar posibles futuros y sus implicaciones, ya que se basa en la creación de distintos escenarios futuros que presentan diversas combinaciones de eventos, tendencias y variables que permiten a gobiernos, organizaciones o individuos de alto perfil, prepararse para diferentes situaciones, sean ordinarias o extraordinarias.

Los escenarios son de gran utilidad para mejorar la toma de decisiones en la planificación estratégica, al proporcionar un marco de referencia para evaluar diferentes cursos de acción y sus posibles consecuencias. Adicionalmente, al considerar una amplia gama de escenarios posibles, los líderes nacionales pueden estar mejor preparados para adaptarse a situaciones cambiantes y tomar decisiones informadas en los momentos de crisis.

Los escenarios en seguridad nacional pueden incluir entre otros tópicos situaciones como: desastres naturales, conflictos armados, crisis económicas o sociales, ataques de criminales o terroristas. Al analizar estos escenarios, los dirigentes políticos, de seguridad y militares, pueden identificar posibles riesgos, amenazas y vulnerabilidades, de esta forma pueden desarrollar estrategias para anticiparse con prevenciones que neutralicen riesgos o mitiguen efectos.

Los escenarios de seguridad son una herramienta útil para identificar y gestionar los riesgos en entornos de la seguridad nacional cada vez más complejos y cambiantes. Al tener presente diferentes escenarios y estar preparados para afrontarlos, los gobiernos pueden mejorar su capacidad para proteger a la población, al territorio, garantizar la estabilidad y la seguridad en los ámbitos nacional e internacional.

Algunos de los autores más destacados en materia de escenarios en seguridad son:

Lawrence Freedman: británico especializado en estrategia y seguridad internacional, ha escrito sobre la importancia de los escenarios en la planificación estratégica.

Peter Schwartz: futurista estadounidense, conocido por su trabajo en el desarrollo de escenarios y su aplicación en la toma de decisiones en seguridad.

Herman Kahn: matemático y estratega estadounidense considerado uno de los pioneros en el uso de escenarios en la planificación estratégica y en la evaluación de riesgos en seguridad.

Paul Davis: experto en seguridad internacional y autor de numerosos libros sobre escenarios y futuros posibles en el tema de la seguridad.

Karl E. Weick: estadounidense y psicólogo organizacional que ha investigado el uso de escenarios en la toma de decisiones en situaciones de crisis y emergencia.

En síntesis, un escenario es una representación o predicción de una posible situación futura y se utiliza para planificar, predecir o analizar hechos o eventos en diferentes entornos. En el capítulo tercero de este libro se presentarán los escenarios de México hacia 2025, con énfasis en la situación de seguridad.

El novelista francés Víctor Hugo expresó: "El futuro tiene muchos nombres, para los débiles es lo inalcanzable, para los temerosos lo desconocido y para los valientes es la oportunidad".

2.- ESTADO DE LA SITUACIÓN

De 2018 a 2024 en los diarios digitales e-consulta, @ngulo 7, RelevanteMx y en operacionseguridad.com publiqué diversos artículos con información de varias fuentes, que reflejan el estado de la situación de la seguridad en México, se reproducen los más significativos a continuación.

2.1. Violencia

VALORACIÓN DE LAS MUERTES

La muerte de un soldado, policía o político es menos valorada que la de otros profesionales.

A propósito de los decesos de candidatos en campañas políticas, 123 al momento en este año, y de elementos de las fuerzas armadas atacados o policías muertos en su labor, las percepciones y opiniones en nuestro país generalmente son:

- "Es el riesgo por su trabajo".
- "En algo andarían metidos".
- "Así la pagan por lo que hacen".

Cuando sucede con otros profesionales, por ejemplo, con los periodistas, la percepción es diferente:

- "Falta de garantías a su trabajo".
- "El gobierno no hace nada".
- "Se atenta contra la libertad de expresión".

Al respecto, las reacciones son de distinta naturaleza:

- En el primer caso se realizan algunos homenajes al interior de los partidos políticos o en las corporaciones y se pagan seguros de vida por el accidente de trabajo.
- En el segundo caso, además de lo que al interior de su empresa se realice, se promueven los incidentes para generar impactos en la opinión pública y se han creado grupos o comisiones espe-

ciales para indagar los hechos, dependiendo de la importancia del periodista.

En otros países las situaciones de esta naturaleza en las fuerzas de seguridad tienen tratamientos distintos, las autoridades de investigación y las propias corporaciones realizan esfuerzos para que no haya impunidad y socialmente se busca estar cerca de las familias y compartir la pena, pues ha fallecido un elemento apreciado.

Por diversas circunstancias en México las cosas no suceden así y tenemos una valoración social distinta para cada acaecido; eso de que la vida de un ser humano es igual dista mucho de ser real.

Friedrich Nietzsche expresó: "No alrededor de los inventores de estrépito nuevo, sino en torno de los inventores de valores nuevos gira el mundo, silenciosamente".

14 de junio de 2018

LINCHAR

El pueblo a veces es bárbaro pues se puede comportar como muchedumbre no como masas y mucho menos como ciudadanos.

James Lynch Fitzstephen fue un alcalde de Galway, Irlanda, que en el siglo XV se hizo famoso por ahorcar a su hijo tras acusarlo del asesinato de un visitante español.

Charles Lynch, juez del estadounidense de Virginia en el siglo XVIII, ordenó la ejecución de un grupo de personas sin previo juicio.

Del protagonista de alguno de estos hechos surgió la palabra linchar que en la actualidad en nuestro país se emplea cuando una persona es agredida y luego ejecutada por un grupo de individuos aduciendo un supuesto delito cometido.

Este comportamiento es de muchedumbres con el objetivo de quitar la vida a los supuestos delincuentes y, al menos en términos conceptuales, dista de ser el comportamiento de las masas que son preparadas, organizadas y tienen objetivos sociales o económicos producto de su instrucción.

Cualquier linchamiento es ajeno al comportamiento ciudadano dentro del Estado Constitucional de Derecho, que es una forma civilizada producto de cientos de años de evolución humana.

Llevar a las muchedumbres por el camino de formarse como ciudadanos, será una tarea un poco difícil para el próximo gobierno de la República.

Dice la frase: "Aquello terminó como el rosario de Amozoc".

30 de agosto de 2018

PANDILLAS, CÁRTELES Y EXTREMISTAS

A la delincuencia organizada y otros grupos con poder de fuego alto se les enfrenta con la justicia.

Hace unos días el fiscal general de Estados Unidos de América, Jeff Sessions, dijo que había escogido a cinco grupos que tendrán atención especial: la Mara Salvatrucha, el Cártel de Sinaloa, el Cártel de Jalisco Nueva Generación, el Clan del Golfo y Hezbollah.

La atención especial consistirá en formar equipos de fiscales contra el tráfico internacional de narcóticos, terrorismo, crimen organizado y lavado de dinero, entre ellos a individuos y redes que prestan apoyo al grupo chií libanés.

Con la poca información dada a conocer se pueden comentar varios puntos:

Sus prioridades de atención se dirigen a asuntos relacionados con la seguridad nacional de su país, pues si se tratara de la seguridad pública las fuerzas del orden local serían las indicadas y no una autoridad federal. En este sentido, por la forma de priorizar el problema tienen semejanza con la visión de nuestro país.

En cuanto a la política de atención, ambos países difieren en la primera fuerza que anteponen a la delincuencia, pues mientras que en México es la policía preventiva de orden federal y las fuerzas armadas, en Estados Unidos es la Fiscalía General. Toda proporción guardada, si se compartiera la forma de la política de atención, acá se emplearía a la Procuraduría General de la República.

Se podrá afirmar que cada grupo delincuencial mencionado es un fenómeno diferente, cosa que es cierta, sin embargo, tanto aquí como en otras partes del mundo, el tráfico ilícito de drogas y el terrorismo es considerado legalmente como delincuencia organizada.

El caso de las pandillas no es tratado de manera similar por los países, pues la Convención de las Naciones Unidas contra la Delincuencia Organizada Transnacional y sus Protocolos, no considera a estas agrupaciones que se relacionan con la delincuencia organizada, por lo tanto, cada país las atiende como considera conveniente.

Sobre la relación bilateral en seguridad, el gobierno vecino ya definió su postura precisando que se encargarán de los dos cárteles mexicanos (sin mencionar si será en su territorio o allende las fronteras), en espera de la postura del próximo gobierno federal por entrar.

José Martí expresó: "Hay que andarse con tiento en eso de cantar victorias diplomáticas sobre otra nación, porque el cacareo puede deshacer lo que ha logrado hacer la diplomacia".

18 de octubre de 2018

MÉXICO BRONCO

Muchos problemas en nuestro país se resuelven violentamente en vez de recurrir a la vía legal.

Jesús Reyes Heroles en la frase "México bronco" aludió a que dormía desde la Revolución Mexicana y que cualquier yerro de la clase política podría hacerlo enojar. Al respecto, veamos algunos datos actuales:

Encuesta Nacional de Seguridad Pública Urbana.- Con datos del primer trimestre de 2019 el INEGI nos dice que: 50.1% de personas de 18 años y más presenció o escuchó de vandalismo alrededor de sus viviendas, 42.7% presenció o escuchó disparos frecuentes alrededor de las mismas, 69.1% tuvieron al menos un conflicto con vecinos y 32.4% lo tuvieron con desconocidos en la calle.

Secretariado Ejecutivo del Sistema Nacional de Seguridad Pública.- El primer trimestre de 2019 se ubicó como el inicio de año más violento del que se tenga registro en el país, debido a que fueron asesinadas ocho mil 493 personas.

Lantia Consultores.- El promedio mensual de masacres durante el primer trimestre de este año fue de 32.3, similar al 32.7 que promedió por mes durante la segunda mitad de la administración del presidente Calderón (masacre: cuando un grupo criminal asesina a cuatro personas o más).

Red por los Derechos de la Infancia.- Durante el primer trimestre de este año 285 niñas, niños y adolescentes fueron asesinados; en promedio tres menores por día son víctimas de homicidio doloso.

Los datos anteriores parecerán fríos pues no contienen explícitamente historias de terror, sin embargo, ese es precisamente el objetivo: racionalizar serenamente las cifras y pensar ahora en algo con la debida atención.

Ese algo es un proceso de endurecimiento en la forma de resolver los conflictos, sea en el medio delictivo o en otros ambientes, pues además del incremento del delito, el "México bronco" ha despertado acompañado desde la alocución oficial: es preferible la justicia que la ley.

¿Para qué llevar a un presunto delincuente ante las autoridades que aplican la ley?, si al ser detenido podrá ser linchado justificadamente con esa premisa.

El jurista alemán Rudolf Von Ihering expresó: "En el derecho posee y defiende el ser humano su condición moral de existencia, sin el derecho desciende al nivel del animal".

9 de mayo de 2019

LA NOCHE DE LOS CUCHILLOS LARGOS

En el medio criminal y en la vida política muchas cosas se fraguan y suceden en las sombras.

"La Noche de los Cuchillos Largos" es la frase que da fama a la "Operación Colibrí" planeada como purga interna del Partido Nacionalsocialista Obrero Alemán, conocido como partido Nazi, para afianzarse en los órganos del Estado alemán y deshacerse de todos los integrantes incómodos para el poder personal de Adolfo Hitler y su camarilla.

Se ha dicho que murieron 85 opositores, más de mil personas fueron arrestadas y que se dio una aprobación tácita de la mayoría de los alemanes hacia ese hecho sucedido en 1934.

Este pasaje de la historia nos recuerda que diversos grupos buscan realizar acciones contundentes para minimizar a sus adversarios, como sucedió también en nuestro país hace unos días.

En efecto, no estamos exentos de ello ya que, en las primeras horas del jueves 8 de agosto, elementos de seguridad pública del municipio de Uruapan, en el estado de Michoacán, localizaron 19 cadáveres en diferentes puntos del Boulevard Industrial de dicha ciudad.

Los policías municipales reportaron seis cuerpos colgados de un puente vehicular y otros más descuartizados en diversas partes, asimismo, se localizó una "narcomanta" en el puente suscrita por el grupo autodenominado Cártel Jalisco Nueva Generación. Adicionalmente, este grupo criminal ha emitido videograbaciones en redes sociales donde amenaza a otros opositores.

De estos hechos podemos ver que, si se trata de eliminar a los adversarios, el asesinato es el método por excelencia, un método empleado tanto por los grupos políticos como por el crimen organizado.

Paralelamente, la población puede interpretar de muchas formas estos hechos fuera de la ley, entre ellas como una manera de mostrar su poder y un claro mensaje de terror.

El novelista Thomas Harris expresó en *Hannibal, el Origen del Mal*: "La ventaja de pegarle a un mudo es que no puede echártelo en cara".

15 de agosto de 2019

PAZ VIOLENTA

La letalidad de la violencia delictiva aumenta proporcionalmente al desinterés social por el problema.

Los fallecidos por los hechos de violencia en nuestro país son "silenciosos", suceden diariamente a lo largo y ancho del territorio nacional, tal vez por eso no despiertan grandes sorpresas en la gente, sólo los interesados en el tema levantan las alertas.

Veamos algunos comparativos:

Atentados del 11 de septiembre en EUA.- Cuatro actos suicidas cometidos contra diversos objetivos en los Estados Unidos de América en el año 2001, tuvieron un saldo final de 3,016 fallecidos, incluidos los perpetradores, más 24 desaparecidos.

Atentados en Madrid.- En marzo de 2004 se produjeron diez explosiones casi simultáneas en cuatro trenes de Madrid, España, el saldo fue de 193 personas fallecidas.

Época de Pinochet.- Según el informe oficial elaborado por la Comisión Valech que investigó los abusos a los derechos humanos en Chile, el número de víctimas del régimen de 1973 a 1990, fue de aproximadamente 40,000 personas entre muertos y desaparecidos.

Incidencia delictiva en México.- Según cifras oficiales de enero a julio de 2019 se han registrado 20,135 homicidios dolosos en el país, con un promedio de 96 casos por día, a esto habría que agregar a los desaparecidos en este año.

Estos datos tienen el propósito de resaltar la letalidad de la violencia delictiva en nuestro país que, aunque de naturaleza diferente a los otros casos, no es de relevancia internacional pues pasa como "cotidiana" en un contexto de hechos criminales.

En sólo siete meses hemos tenido la mitad de las víctimas mortales que dejó el gobierno de Pinochet, sólo que nuestras víctimas son "silenciosas", no merecen los grandes titulares de la prensa internacional.

Los analistas nacionales alertan, las organizaciones de la sociedad civil se suman, mientras la violencia letal se expande y emula el título literario de: "La Muerte tiene Permiso".

Platón expresó: "Solo los muertos han visto el final de la guerra".

5 de septiembre de 2019

LA VIOLENCIA PROVIENE DEL ESTADO

Actualmente la violencia hacia las mujeres es promovida o tolerada desde diversas esferas estatales.

A los hechos de violencia como el feminicidio se ha agregado otro tipo de fenómeno, hagamos un recuento de acciones, palabras y omisiones que son clara muestra de las manifestaciones de violencia hacia las mujeres en México.

- Violencia verbal. – Una autoridad de salud de Michoacán se refirió al género femenino de diversas maneras agresivas que no reproduciré para no hacerle eco al suceso. Asimismo, en la Cámara de Diputados un legislador federal expresó calificativos y amenazas a una legisladora, lo que puede constituirse en delito, además de una falta de cortesía.
- Tolerar violencia. - Quienes son funcionarios o líderes parlamentarios no han promovido acciones para inhibir o sancionar a las personas que han cometido violencia verbal contra las mujeres, de esta forma se denota falta de congruencia entre discursos y acciones.
- Omisión ante la violencia. - Diversos grupos han pedido se declare la alerta de género en la Ciudad de México, sin embargo, las autoridades federales no han sido sensibles al

llamado social. Esto junto al feminicidio como forma más grave de violencia de género, ha creado un ambiente de encono que se ha expresado en manifestaciones contra las autoridades locales.

Por lo que desde diversas partes del Estado se crea un ambiente de agresión al género femenino que, aunado a la incidencia delictiva, promueve la división, impunidad, omisión y agresiones, todo consentido por las autoridades que les compete el tema y también por las de procuración de justicia.

Si los representantes federales o funcionarios agreden o son omisos ante el problema, contribuyen al ambiente social de violencia hacia las mujeres que incentiva los delitos, entre otros, la trata y el feminicidio.

El activista estadounidense Jackson Katz expresó: "Calificar a la violencia de género como un 'asunto de mujeres', es parte del problema. Da a una enorme cantidad de hombres la excusa perfecta para no prestar atención".

10 de octubre de 2019

VIOLENCIA CRIMINAL Y POLÍTICA

Diversos hechos de violencia en el escenario político que alteran el orden público vislumbran ingobernabilidad.

Aunado a la violencia delictiva nacional que se manifiesta en homicidios y feminicidios, emergen algunos acontecimientos de violencia política y entre las fuerzas del orden, veamos:

Senado de la República. – En la toma de protesta de quien asumió el cargo para dirigir la Comisión Nacional de los Derechos Humanos, los senadores se enfrentaron en vías de realizar dicho acto, porque su ahora titular no cumple los requisitos establecidos en la Constitución y, además, porque en su mecanismo de elección ocurrieron vicios procedimentales.

Ataques a Fuerzas del Estado. - En Aguililla, Michoacán, fueron emboscados elementos de seguridad pública estatal, lo mismo en San Vicente Coatlán, Oaxaca, con un saldo de 18 bajas de ambas corporaciones policiales, sin que hasta ahora acuda el FBI a sumarse a las pesquisas para apoyar a las autoridades federales, que no han podido hacer justicia considerando las violaciones a la Ley Federal de Armas de Fuego y Explosivos que ahí sucedieron.

CDMX. – Diversos efectivos de la Policía Federal fueron reprimidos por elementos Secretaría de Seguridad Ciudadana de la capital del país, en virtud de que al manifestarse públicamente porque no les han cumplido sus peticiones, fueron reprimidos por un cuerpo de Granaderos, cuya desaparición se había dado a conocer públicamente.

El panorama no es nada halagüeño pues la demanda política de grupos y miembros de gobiernos locales y del federal no tienen visos de salida en el marco de la legalidad aún vigente.

El escritor Anatole France expresó: "Gobernar siempre quiere decir hacer descontentos".

14 de noviembre de 2019

EL FANTASMA DE LA VIOLENCIA HOMICIDA

Un fantasma recorre México con su halo de muerte que se cristaliza en delincuentes impunes.

Dos sucesos que se conectan entre si han destacado en el panorama nacional, por una parte, la cifra de homicidios dolosos del año 2019 y por otra, las peticiones de la gente para que se procure e imparta justicia.

Homicidios.- 34 mil 582 personas fallecidas dolosamente (si la cuenta se hiciera por día en tres alcanzaríamos lo muertos de la madre patria en un año), fueron menores, mujeres y hombres, cuyos trágicos casos en su gran mayoría siguen sin esclarecerse.

El fantasma de la violencia homicida no se transfigura en culpabilidad, la oscuridad de la noche lo protege al otorgarle el goce de ese dulce manto de la impunidad, ¿quién es el responsable de haber prevenido esos homicidios y actuar en consecuencia?, ¿quién es el responsable de procurar e impartir justicia?

Los gobiernos locales y el gobierno federal tienen algunas tareas por hacer al respecto. Si cada uno corre por su lado menos resultados ofrecerán para sacar de la penumbra a la gente, sobre todo a la menos favorecida económicamente.

Peticiones.- Los familiares de las víctimas de los homicidios deambulan en un mar de lágrimas, junto al llanto traen la rabia de sentirse impotentes; se dirigen a las autoridades o a las organizaciones sociales para que los ayuden, cuando las primeras no dan respuestas satisfactorias.

Algunos afectados optan por pedir auxilio a gobiernos extranjeros, otros emprenden el camino para pedir y/o exigir que las autoridades hagan su trabajo y recuperen las funciones del Estado olvidadas.

Mientras tanto, con sol o sombra, el fantasma de la violencia homicida da más quehacer a sacerdotes y funerarias porque sigue recorriendo las tristes calles donde peregrina la sociedad mexicana, esa raza cósmica que se niega a perecer al son de sus familiares masacrados.

El filósofo Albert Camus expresó: "Si el hombre fracasa en conciliar la justicia y la libertad, fracasa en todo".

23 de enero de 2020

EL ESLABÓN MÁS DÉBIL

La violencia alcanzó a la niñez y a las mujeres convirtiéndolas en víctimas de la inseguridad.

El año 2019 ha sido uno de los más sangrientos para las mujeres en México, pues de acuerdo con cifras del Secretariado Ejecutivo del Sistema Nacional de Seguridad Pública, se contabilizaron 976 presuntos delitos de feminicidio y en 48 días de 2020 han ocurrido 265 feminicidios.

También, recordemos que tenemos como antecedente inmediato los hechos de Bavispe, Sonora, en donde niños y mujeres fueron asesinados, sin que hasta el momento se tenga concluida la investigación judicial.

En los últimos tiempos, el país ha experimentado y aguantado diversos tipos de enfrentamientos:

- Entre grupos delictivos por sus actividades ilícitas.
- De los gobiernos por controlar a la delincuencia.
- De los gobiernos por sanear a las instituciones públicas.

Todas ellas han generado violencia y muerte, algunas han sido masacres de mala fama local y hasta internacional, pero ahora se suma a ellas como corolario sangriento, una violencia que ha alcanzado al eslabón más débil de la cadena social.

Ese eslabón débil se trata de personas que sufren una violencia cuyo origen es multifactorial pero que termina en muchos casos en la muerte de niñas, niños y mujeres.

¿Para qué hacer el recuento de los hechos si la mayoría de la gente los tiene en la mente y algunos en el interior de sus sentimientos?

Es menester que nuestro país no vaya contra el mundo, pues mientras en otras latitudes se sanciona conforme a ley a personas famosas por temas de violencia de género, en México muchas personas reclaman justicia.

Valdría la pena diseñar e impulsar un programa nacional entre sociedad y gobierno, que se dirija a atender lo urgente y lo de largo plazo, para ir disminuyendo los decesos de la niñez y las mujeres mexicanas.

Elie Wiesel quien se distinguió por escribir sobre los horrores del Holocausto y además fue galardonado con el Premio Nobel de la Paz, expresó: "Ante las atrocidades tenemos que tomar partido. El silencio estimula al verdugo".

27 de febrero de 2020

Si las circunstancias políticas inciden en el desenvolvimiento delictivo, entonces se convierten en parte del problema.

La Cuarta Enmienda a la Constitución de los Estados Unidos de América dice: "El derecho de las personas a la seguridad de su persona, vivienda, documentos y efectos frente a registros e incautaciones irracionales no se violará y no se emitirán órdenes a menos que exista una causa probable mediante, confirmada por un juramento o ratificación, que describa específicamente el lugar que debe registrarse y las personas o cosas a registrar".

De ello deviene que la "causa probable" haga referencia al requisito del derecho penal para que la policía tenga motivo suficiente para arrestar a alguien, llevar a cabo un registro o incautar bienes relacionados con un presunto delito. ¿Cuál es la causa probable y/o motivos del atentado?, veamos tres situaciones:

- Delincuencia organizada. - Las acciones de las autoridades contra grupos delictivos pueden tener diversas respuestas de sus líderes, alguna de ellas podría ser causa probable del atentado. El afectado hizo alusión a ello y, por medio de una red social, mencionó al grupo delictivo que pudo haber tenido motivos para perpetrar el hecho.

- Contexto delictivo. - La delincuencia organizada perdura y crece por la protección del Estado, sólo cuando ve afectados sus intereses se enfrenta a él; es así como en los últimos tiempos tenemos: el secuestro de un alto mando militar, el asesinato de un juez, un carro bomba que no estalló en una refinería y el atentado contra el tercer mando con el mayor estado de fuerza y capacidad de fuego en el país.

- Circunstancias políticas. - En nuestros tiempos se dejó en libertad a un líder de la delincuencia organizada una vez que había sido asegurado y se apoyó a su familia con diversos trámites gubernamentales, paralelamente, otros grupos delictivos son perseguidos por las fuerzas del orden, presentándose así un trato asimétrico hacia ellos.

De esta forma, si ustedes releen las tres situaciones anteriores, pero al revés de cómo son presentadas, podrán dilucidar otra causa probable del atentado en la #CDMX.

El ensayista y filósofo español José Ortega y Gasset en su obra Meditaciones del Quijote escribió: "Yo soy yo y mi circunstancia y si no la salvo a ella no me salvo yo".

28 de junio de 2020

"NUEVA NORMALIDAD" = MUERTE

Dos fenómenos generan muertes constantes en México: el coronavirus y la violencia homicida.

A diferencia de otros países, en el nuestro la muerte tiene un significado doloroso al momento, pero folclórico con el transcurso del tiempo, sólo lean algún texto que describa los velorios a la mexicana, los mariachis en los cementerios, el culto a la santa muerte o los recientes desfiles del dos de noviembre en la capital del país.

Nuestro lenguaje no es ajeno a ello y nos referimos a tan singular personaje como: la parca, la huesuda, la niña, la blanca, la tiznada, la calaca, la fría, la tilica o la pálida; se cuentan 104 formas de referirse a la muerte en tierras nacionales.

Tal vez sea por esta forma de concebir a la muerte que, ante la violencia homicida y el coronavirus, no sepamos de las grandes condenas contra los hechos de los últimos tiempos, veamos:

Violencia homicida.- De acuerdo con las cifras del Secretariado Ejecutivo del Sistema Nacional de Seguridad Pública, de diciembre de 2018 a mayo de 2020, los primeros 18 meses del actual gobierno federal, fueron asesinadas 53 mil 628 personas en México; un promedio de 98 homicidios diariamente.

Entre las víctimas figuran cinco mil 811 mujeres, un promedio de 11 mujeres asesinadas al día, incluyendo casos de homicidio y feminicidio. También se registran mil 807 menores de 17 años entre las víctimas, lo que equivale a tres niños o adolescentes asesinados cada 24 horas.

Es el primer año y medio de gobierno más violento desde que se contabilizan los homicidios dolosos. La tasa de asesinatos duplica a la registrada en mismo período del Presidente Felipe Calderón y es 55% más alta que con el Presidente Enrique Peña.

Coronavirus.- Las cifras al 15 de julio del presente nos dicen que hay 36,906 defunciones confirmadas en el país, cuarto lugar en números absolutos en el mundo; este dato es superior a la población del municipio de Metepec, Estado de México; o a la de Ciudad Mendoza, Veracruz y también es superior a la población de Zacatlán, Puebla.

Así es que, si por cultura se tratara, la muerte en nuestro país no reclama mucho de los resultados de las políticas de seguridad, justicia y salud.

El célebre Juan Rulfo expresó: "La muerte no se reparte como si fuera un bien. Nadie anda en busca de tristezas."

16 de julio de 2020

MASACRES A LA MEXICANA

Una vez concluido el proceso electoral, en el último mes se han suscitado diversos hechos de sangre en México.

Es conveniente aclarar algunos términos para diferenciar lo que ha sucedido en nuestro país sobre los últimos acontecimientos violentos. ¿Qué es una masacre?

No existe una definición única del término, a veces se usan como sinónimos las palabras de homicidio colectivo y terrorismo, por lo que es conveniente plantear algunas reflexiones al respecto.

Masacre.- Según el diccionario de la Real Academia Española masacre significa matanza de personas por lo general indefensas.

Centro Nacional de Memoria Histórica de Colombia.- Refiere que la palabra masacre es "el homicidio intencional de cuatro o más personas en estado de indefensión y en iguales circunstancias de modo, tiempo y lugar, y que se distingue por la exposición pública de la violencia”.

Podemos aseverar que una masacre no es meramente un hecho en algún lugar en el que maten casualmente a algunas personas, sino que se identifica con un patrón de actuación, sistematicidad y un objetivo planeado de destrucción; no se trata de un asunto fortuito y no es algo parecido a un homicidio colectivo.

Contabilicen a los muertos de junio en las masacres a la mexicana: Pueblo Nuevo 6, Vanegas 9, Reynosa 19, Salvatierra 7, Fresnillo 7 y Valparaíso 18, llegarán a la cifra de 66 fallecidos en estas últimas masacres.

Por lo que, si hubiera una referencia a homicidios colectivos en lugar de masacres, en un país como México banalizaría este tipo de crímenes, disminuiría su importancia y desconocería que se tratase de un fenómeno criminal, pues induciría la idea de que es un asunto fortuito y por ende secundario.

Algunos podrían afirmar que el caso de Reynosa es diferente al de los demás citados y que no se cometió una masacre, sino un acto terrorista y que, siendo cometido en la frontera con los Estados Unidos de América, invoca la idea de que los vecinos lo califiquen de esa forma.

George Orwell en *Rebelión en la Granja* expresó: “Antaño hubo muchas veces escenas de matanzas igualmente terribles, pero a todos le parecía mucho peor la de ahora, por haber sucedido entre ellos mismos”.

1 de julio de 2021

ÉRASE UN PAÍS VIOLENTO

En unos años nuestro país será recordado como un lugar donde acontecieron hechos de violencia desmedida.

Los sucesos de violencia como incendios de tiendas, de vehículos y asesinatos a mansalva, que sucedieron en diversas entidades federativas durante un fin de semana de agosto de 2022 y los días siguientes, serán leídos en los medios de comunicación o vistos en videograbaciones como la muestra en imágenes de un país violento.

Hagamos un breve ejercicio de lo sucedido, pero visto en retrospectiva:

Alertas gubernamentales.- Se podrá leer que el gobierno de Estados Unidos de América emitió una alerta de viaje a nuestro país debido al aumento de los índices de violencia y contagios de COVID-19.

La alerta notificó a sus ciudadanos que no viajaran a los estados de Colima, Guerrero, Michoacán, Sinaloa y Tamaulipas por la presencia de la delincuencia organizada y por los casos de secuestro.

Por otra parte, también se apreciará que el gobierno de dicho país solicitó a su población reconsiderar viajar a Baja California, Chihuahua, Coahuila, Durango, Guanajuato, Jalisco, Estado de México, Morelos, Nayarit, Sonora y Zacatecas, por la violencia generada por grupos delincuenciales.

Y que les recordó a sus empleados de gobierno que trabajaban en México, no viajar entre ciudades después del anochecer, no llamar a los taxis en la calle y que confiaran en los vehículos despachados, incluidos los servicios basados en aplicaciones como Uber y las paradas de taxis reguladas. Les dijo que tampoco podían conducir desde la frontera entre Estados Unidos y México hacia o desde las partes interiores de México, con algunas excepciones.

Noticias internacionales.- Cuando se lean algunos medios de comunicación de agosto 2022 encontrarán: "México: Así se vieron los narcobloqueos de Jalisco y Guanajuato", euronews; "Acribillado a balazos el hijo del alcalde de Celaya, en Guanajuato", El País; "Una agresión cada 14 horas: un informe alerta sobre el clima de violencia que padecen los periodistas en México", RT en español y; "Terror en lás calles. La ola de violencia del narcotráfico en México busca generar terror entre la población", El Clarín.

Seguramente podrán conocer como diversos países los observaron y como otros hechos violentos opacaron a los que sucedieron anteriormente, también lo que aconteció posteriormente al terror de agosto y además sangriento.

El escritor ruso Solzhenitsyn expresó: "La violencia sólo puede ser disimulada por una mentira y la mentira sólo puede ser mantenida por la violencia".

18 de agosto de 2022

NARCO EJÉRCITOS VIOLENTOS

La violencia y la inseguridad han conquistado carta de naturalización en nuestro país.

He comentado que vivimos épocas violentas y ahora nuevamente enlistaré algunos datos que dan muestra de ello con tres situaciones que se produjeron recientemente.

Delitos.- El INEGI dio a conocer la Encuesta Nacional de Victimización y Percepción sobre Seguridad Pública (ENVIPE) cuyos datos al cierre de 2022 nos dicen que 10.5 millones de hogares tuvieron al menos a una o uno de sus integrantes como víctima del delito. El número de víctimas de 18 años y más fue de 21.1 millones, equivalente a una tasa de 22,587 víctimas por cada 100 mil habitantes. Las tasas de prevalencia por sexo fueron de 21,675 para las mujeres y de 23,648 para los hombres.

Homicidios y enfrentamientos.- Sucedieron diversos hechos violentos que llamaron la atención nacional, como el asesinato de dos funcionarios de la procuración de justicia en Guerrero, el uso de drones como armas de ataque en Michoacán y el enfrentamiento a balazos en las inmediaciones del Aeropuerto Internacional de la Ciudad de México, cuyas imágenes pueden apreciarse en la liga electrónica https://www.youtube.com/watch?v=xhQS_6llnOM

Narco ejércitos.- Funcionarios del gobierno de los Estados Unidos de América han señalado que franjas del territorio mexicano son controladas por los delincuentes organizados, dentro de ello podemos citar que los grupos armados de los narcotraficantes son: el CJNG que cuenta con nueve grupos armados, el Cártel de Sinaloa con seis grupos armados, otros grupos bélicos son la Línea, la Tropa del Infierno, los Tilos, Los Viagras, Comando del

Diablo, los Tlacos y los Ardillos, al servicio de diversas organizaciones delictivas.

https://www.milenio.com/policia/cuales-son-los-brazos-armados-de-la-delincuencia-organizada

Los registros de homicidios dolosos en esta administración ascienden a 165,519 y como punto de comparación tenemos que en el gobierno federal próximo-pasado hubo 156,066 muertes por esta causa ¿Usted qué opina al respecto de todo esto?

Hannah Arendt ha expresado: "La violencia puede destruir el poder; pero es completamente incapaz de crearlo".

14 de septiembre de 2023

2.2. Desaparecidos

DESAPARECIDOS Y EL "TRÁILER DE LA MUERTE"

El tristemente célebre transporte jalisciense nos recuerda que el tema de los desaparecidos es muy difícil de esclarecer.

En el foro ¿Olvido, verdad o justicia? realizado en julio de este año en El Colegio de México, se escuchó el reclamo de los familiares de los desaparecidos y voces similares se han expresado en otros encuentros en distintas partes del país.

Los casos son diversos, se pide la presentación de estudiantes, policías, empleados, delincuentes, en fin, gente de diverso tipo y actividad, o como en el caso del "Tráiler de la Muerte" donde los cadáveres "reclaman" a los familiares desaparecidos.

La petición común es saber la verdad de lo sucedido en cada caso en particular para hacer justicia, a lo que el futuro gobierno federal se ha comprometido a dar respuesta.

Por lo declarado en ese foro y en otros, los diagnósticos y conclusiones los asemejan a los casos sucedidos en Sudamérica y Centroamérica, en donde conflictos en el marco de la Guerra Fría enfrentaron a los gobiernos con parte de su ciudadanía y en mucho esto originó las desapariciones.

Este parangón deviene en que bastaría con que el gobierno federal entrante asumiera el poder político, sacara los archivos y demostrara dónde están los desaparecidos para hacer justicia.

El diagnóstico y estrategia que se vislumbran no son de lo más acertados, pues las causas de las desapariciones en México no tienen el mismo origen a las del sur del continente; al escuchar las demandas de los familiares se concluye que los desaparecidos no se encontraban en una guerra contra el gobierno, sino en hechos cotidianos, enfrentamientos delictivos, en tránsito por el territorio, feminicidios u otras razones que originaron la desaparición.

Por lo que una propuesta basada en técnicas de investigación e inteligencia criminal y periciales forenses auguraría mejores resultados, pues se privilegiarían las pesquisas individualizadas para cada caso en concreto, mas que de manera grupal.

El trabajo gubernamental señalado requeriría de la participación de las diversas fiscalías y los tres órdenes de gobierno, considerando la naturaleza de cada una de las desapariciones, no objeciones entre las autoridades gubernamentales.

El novelista Víctor Hugo expresó: "Ser bueno es fácil; lo difícil es ser justo".

20 de septiembre de 2018

DESPARECIDOS DE PRIMERA Y DE SEGUNDA

La búsqueda de los desparecidos en México lamentablemente presenta un trato desigual.

Según los datos más certeros, en nuestro país se sabe de 40 mil personas desaparecidas y aunque todas deben ser objeto de atención, las acciones al respecto son marcadamente desiguales.

Recapitulemos, como parte de las acciones del pasado gobierno federal se suscribió un acuerdo de asistencia técnica con la Comisión Interamericana de Derechos Humanos (CIDH) para el caso de los jóvenes de Ayotzinapa, Guerrero, mismo que tuvo una ampliación.

En el actual gobierno se han firmado dos acuerdos: el primero nuevamente con la CIDH que desarrollará una tercera fase de apoyo técnico a las autoridades mexicanas, con el fin de buscar la verdad y la justicia para los hechos.

Y un segundo instrumento fue suscrito con la Alta Comisionada de la ONU para los Derechos Humanos, con el propósito de asesorar y prestar asistencia técnica a la Comisión de la Verdad instalada para el mismo caso.

De tal suerte que a este asunto se le destina apoyos de carácter internacional, no así en otros casos, hasta donde es conocido.

La materia de trabajo es similar, aunque los hechos y circunstancias son diversos pues en todos los casos se pide la presentación de: empleados, estudiantes, policías, menores de edad, mujeres, migrantes y hasta delincuentes, personas anónimas para el público en general no así para sus familiares.

Gente de diverso tipo y actividad desparece, o como el "Tráiler de la Muerte" en Jalisco, donde los cadáveres "reclamaban" a los familiares desaparecidos.

La petición común es saber la verdad de lo sucedido en cada caso en particular para hacer justicia, sin embargo, para algunos desparecidos las acciones federales son apoyadas por gente extranjera, mientras que a los otros se les otorga un "curso normal".

¿El Estado atiende a todos los casos por igual?, por lo visto no, pues 39,957 desparecidos serán tratados de manera ordinaria y no pasarán a ser materia de trabajo de apoyos foráneos de alto nivel.

El novelista Víctor Hugo expresó: "Ser bueno es fácil; lo difícil es ser justo".

11 de abril de 2019

CADÁVERES VIRTUALES

En tiempos del Covid19 no sólo hay cadáveres con destino a los panteones, sino que también en la red de Internet.

Hace algunos años se dio a conocer la noticia de que "El Azul", habría muerto de un infarto cuando convalecía de un accidente, la información trascendió de fuentes policiales extraoficiales y fue confirmada al semanario Ríodoce por personas cercanas a su familia. Algunas fuentes dijeron que falleció en el entonces Distrito Federal y otras que, en Guadalajara, Jalisco. https://riodoce.mx/2014/06/08/muere-de-infarto-juan-jose-esparragoza-moreno-el-azul/

De igual forma, recientemente se supo de la posible muerte de "El Mencho", versión que cobró fuerza en redes sociales; entre las posibles causas del fallecimiento del líder del Cartel Jalisco Nueva Generación (CJNG) destacan problemas renales, abatimiento por parte de las fuerzas armadas y hasta que fue vencido por la pandemia del Coronavirus. https://pulsoslp.com.mx/nacional/versiones-aseguran-que-el-mencho-fallecio/1132334

Varios puntos se pueden comentar sobre estas dos muertes virtuales en la supercarretera de la información:

Despliegue operativo. - Una vez que se conoce de un #cadávervirtual ¿continúa el operativo para su ubicación y detención?, pues si ya está muerto ¿para qué gastar recursos humanos o materiales en su búsqueda?, si se trata de una noticia falsa ¿el #cadávervirtual revive?

Recompensas. - Si no han fallecido los susodichos, por qué no se ha informado profusamente si las recompensas siguen vigentes, si se pagó algo a quienes dieron la primicia de la muerte o si se cancelaron las recompensas por alguna razón de cualquier índole.

Hechos conexos. - Diversos medios de comunicación nacionales difundieron la noticia del homicidio de un Juez del Poder Judicial de la Federación, que llevó casos relacionados al narcotráfico especialmente ligados al CJNG, suceso que fue confirmado por diversas autoridades locales y federales.

Mientras tanto, las muertes en nuestro país y el mundo siguen su derrotero en esa carrera que refleja la estadística cotidiana de fallecimientos por la pandemia y la violencia homicida.

El novelista estadounidense Stephen King ha expresado: "No mires por un agujero de un árbol si no quieres llevarte un disgusto. ¿Ha habido en la historia humana un agujero en un árbol más grande que Internet?"

18 de junio de 2020

PAÍS DE DESAPARECIDOS

Un fantasma recorre México, el fantasma de los desaparecidos. Parafrasear la oración del Manifiesto del Partido Comunista nos permite la entrada a una problemática actual: la desaparición de muchas personas en nuestro país.

El Comité contra la Desaparición Forzada (CED por sus siglas en inglés) de la Organización de las Naciones Unidas, es el órgano de expertos independientes que supervisa la aplicación de la Convención Internacional para la Protección de todas las Personas contra las Desapariciones Forzadas por sus Estados Parte.

El CED visitó México entre el 15 y el 26 de noviembre de 2021 y sostuvo reuniones con 88 autoridades, familiares de víctimas y acudió a 13 entidades federativas: Chihuahua, Ciudad de México, Coahuila, Estado de México, Guanajuato, Guerrero, Jalisco, Morelos, Nayarit, Nuevo León, Sinaloa, Tamaulipas y Veracruz.

El Informe del CED sobre su visita al amparo del artículo 33 de la Convención, fechado el 12 de abril de 2022 y dado a conocer en Ginebra, Suiza, consta de: Información sobre la visita, hallazgos y primera parte de las recomendaciones y Observaciones y segunda parte de las recomendaciones.

El informe detalla las tendencias recientes, causas fundamentales y desafíos actuales que experimenta el país debido a las desapariciones forzadas que se han cometido. Las desapariciones no se detuvieron desde que el Comité visitó el país, pues desde su estancia se pasó de 95 mil 121 desapariciones a 98 mil 884; es decir, 3 mil 763 personas desaparecidas más en México, en este breve lapso.

El CED denunció que la impunidad es un rasgo estructural que favorece la reproducción y el encubrimiento de las desapariciones forzadas, pone en peligro y causa zozobra a las víctimas, a quienes defienden y promueven sus derechos, a los servidores públicos que buscan a las personas desaparecidas y a la sociedad en su conjunto.

Los servidores públicos y el crimen organizado son responsables del creciente número de desapariciones forzadas, se menciona en el Informe, e insta a México a llevar a cabo una política nacional para prevenir esta tragedia humana.

Los delitos a que hace referencia esta problemática los tenemos descritos en nuestra Ley General en Materia de Desaparición Forzada de Personas, Desaparición Cometida por Particulares y del Sistema Nacional de Búsqueda de Personas, que establece en el "Artículo 13. Los delitos de Desaparición Forzada de Personas y de Desaparición cometida por Particulares serán perseguidos de oficio y tienen el carácter de permanentes o continuos, en tanto la suerte y el paradero de la Persona Desaparecida no se hayan determinado o sus restos no hayan sido localizados y plenamente identificados.

El escritor Arnaldur Indridason en "Las Marismas" expresó: "Las desapariciones en este país suelen ser siempre definitivas. Nunca regresa nadie".

13 de abril de 2022

TRES TRAGEDIAS

Homicidios, desapariciones y cadáveres no identificados irrumpen en el espacio de la seguridad.

Se dieron a conocer las cifras sobre la incidencia delictiva, un poco antes las correspondientes a las desapariciones y se tienen los datos de cadáveres no identificados, hagamos un recuento de la información:

Homicidios.- La tasa nacional por cada cien mil habitantes en nuestro país es: en el año 2019, 27.4 por ciento; en 2020, 27.04 por ciento y en 2021, 25.83 por ciento. Un dato impactante es que del 22 al 24 de mayo del presente año se reportó un homicidio cada 15 minutos. Hay días en que ni en Ucrania se llega a esta cifra.

Desapariciones.- Somos un país que tiene cien mil desparecidos: en el gobierno del presidente Calderón desaparecieron alrededor de 17 mil personas, 35 mil registrados durante el del presidente Peña y, 31 mil en el gobierno actual. Han aparecido sin vida 3.86 por ciento y siguen sin aparecer el 37.16 por ciento. Los familiares siguen en la búsqueda de los desaparecidos, con ayuda institucional o por su cuenta.

Cadáveres no identificados.- A marzo de este año había 52 mil cuerpos sin identificar en los servicios forenses y en las fosas comunes del país, según datos del Movimiento Nacional por Nuestros Desaparecidos. El 80 por ciento del total de cuerpos se concentra en 10 estados del país, empezando por los principales que son: Baja California, Ciudad de México, Estado de México, Jalisco y Chihuahua. Para empezar, se requiere un censo nacional de cuerpos no identificados y de los identificados, pero no reclamados en las fosas comunes.

Por otra parte, el Índice de Paz de México dado a conocer por el Instituto para la Economía y la Paz en este año, nos dice que Baja California es el estado menos pacífico de México por cuarto año consecutivo, seguido de Zacatecas, Colima, Guanajuato y Sonora.

Los fenómenos señalados vislumbran la falta de justicia, malas condiciones de la seguridad pública, insuficiente capacidad de investigación para desentrañar causas, posibilidades de prevenir sucesos, mitigar efectos y reparar los daños a los familiares de las víctimas.

El escritor inglés David Herbert Lawrence expresó: "La nuestra es esencialmente una era trágica, así que nos rehusamos a considerarla trágicamente"

26 de mayo de 2022

2.3. Delincuencia organizada

NARCOMAYOREO O NARCOMENUDEO

La violencia y delitos que se derivan de las actividades del tráfico ilícito de drogas son del mismo tipo.

Recientemente aparecieron dos cadáveres desmembrados en la avenida principal de la capital del país y el hecho dio pie nuevamente a la discusión de si hay o no presencia de "cárteles" en la Ciudad de México.

¿Tiene importancia discutir si hay o no "cárteles" en la capital? Tengamos presente que el término "cártel" es de uso común en nuestro país, en algunos casos académico, sin embargo, no es de orden jurídico o de programas de gobierno.

El vocablo hace alusión a una forma de delincuencia organizada que controla el proceso del tráfico ilícito de drogas y que en términos jurídicos es definido como delito contra la salud.

Por lo que en nuestra legislación la competencia para controlar la delincuencia organizada en su modalidad de delitos contra la salud corresponde a las autoridades federales y en cuanto al narcomenudeo a las autoridades locales.

Investigar el caso de cadáveres descuartizados, a consecuencia de las disputas entre grupos de delincuentes o de delincuentes solitarios, es un asunto de competencia local, en tanto no atraiga la investigación la PGR por algún motivo.

Pese a todo lo dicho, los cadáveres sean producto del crimen organizado, de la actividad de los narcomenudistas o de otro tipo de delincuentes, en las percepciones de la gente tienen un impacto que genera terror.

El escritor alemán Ludwig Börne expresó: "El hombre más peligroso es aquel que tiene miedo".

21 de junio de 2018

MARIGUANA SIN CORRUPCIÓN

El panorama político da visos de cambiar el modelo de control de algunas drogas actualmente ilícitas, al pretender transitar del prohibicionismo parcial al liberacionismo controlado.

Actualmente nuestro esquema legal cataloga al consumidor que posee marihuana para consumo inmediato como adicto, no es un delincuente y, al resto de las conductas relacionadas las tipifica como delito.

Sin embargo, para que un consumidor tenga su producto entra en contacto con el medio ilícito vía la corrupción que tolera su venta; sólo algunas personas han obtenido amparos favorables para producir su propia marihuana.

Se ha dicho púbicamente que se turnarán incitativas de ley para despenalizar el resto de las conductas relacionadas con el tema, para colocar al país a la altura de nuestros principales socios comerciales o de países como la República Oriental del Uruguay y, para el caso del opio, poder sembrarlo lícitamente para uso médico, como lo hacen los países que surten a las farmacéuticas.

Existen diversos estudios al amparo de la ONU que proponen diversos modelos:

- Prescripción: modelo que sería el equivalente a las actuales prescripciones médicas.

- Venta en farmacias: la marihuana estaría disponible en las farmacias o afines en venta libre o por receta médica.

- Venta bajo licencia: los distribuidores dispondrían de una licencia para vender marihuana en condiciones claramente definidas o en locales específicos.

- Establecimientos con licencia: los distribuidores dispondrían de una licencia para vender y consumir marihuana, similar a los bares y cantinas.

- Ventas sin licencia: la marihuana podría ser controlada a través de la legislación de comidas y bebidas, como es el caso del café.

Alguno de los anteriores modelos podría fungir como base para México, de tal forma que la adquisición de la marihuana sea en menores condiciones de corrupción.

Abraham Lincoln expresó: "Dos de mis pasatiempos favoritos son sentarme en mi patio llenar mi pipa con cáñamo, fumar y tocar mi harmónica".

12 de julio de 2018

LAVADO DE DINERO: COINCIDENCIAS

México y Estados Unidos de América vislumbran puntos en común sobre objetivos contra la delincuencia organizada.

En materia del control del tráfico ilícito de estupefacientes y sustancias psicotrópicas generalmente nuestro país ha adoptado una política común con el vecino del norte.

Desde las operaciones de erradicación de plantíos ilícitos, la intercepción de cargamentos de droga en tránsito o la detención de los líderes de los grupos que se dedican a estas actividades.

Las mismas convenciones internacionales sobre drogas suscritas por nuestro país en el seno de la ONU, así como las relativas a la delincuencia organizada, han sido marco de los propósitos compartidos.

Tal vez por ello las declaraciones públicas de los funcionarios americanos y las del próximo gabinete presidencial tiene puntos de coincidencia.

Por un parte la Administración para el Control de Drogas (DEA por sus siglas en inglés) en voz de Matthew G. Donahue, director de la DEA para Norteamérica y Centroamérica dijo que: "...los nuevos planes incluyen mayor énfasis contra la infraestructura financiera de los grupos del narcotráfico y la creación de un grupo especial con base en Chicago que se concentrará en las investigaciones internacionales de los cárteles".

Por otro lado, Alfonso Durazo, próximo Secretario de Seguridad Pública del gobierno federal, declaró que la prioridad será atacar las finanzas del crimen organizado para mermar su capacidad de operación.

Todo indica que se caminará junto al gobierno americano para dirigirse contra uno de los delitos conexos al tráfico de drogas ilícitas; con relación a los otros que son tráfico de armas y precursores químicos esperaremos mayor información al respecto.

François Marie Arouet Voltaire expresó: "Cuando se trata de dinero todos son de la misma religión".

16 de agosto de 2018

LA PAX NARCA

La ausencia de la violencia no significa que el problema de la seguridad pública concluya.

El término pax proviene del latín y significa paz, sin embargo, no se trata de aquella entendida como lo contrario a la guerra, sino a su verdadero significado que se refiere a un período de hegemonía militar y política, en el que el imperio Romano impuso una cierta estabilidad sobre sus dominios.

Esta hegemonía hace referencia precisamente al dominio del emperador Octavio Augusto, pues durante su égida se vivió la conocida "Pax Romana" o también "Pax Augusta".

En nuestros tiempos, por las declaraciones públicas sobre el tema de los narcotraficantes, al parecer el país se encamina hacia una pax narca, emulando a la romana, pero en el contexto de la violencia derivada del tráfico ilícito de drogas.

¿Qué se puede observar al respecto?

Guerra versus administración del conflicto.- Durante algunos años los términos del problema se concibieron bajo una visión de terminar con personas que generaban violencia e inseguridad a la sociedad y al gobierno.

Actualmente se vislumbra la posibilidad de abandonar esa visión para dar paso a la administración del problema, que no genere los hechos de violencia que hemos visto ya en años.

Blanco versus actor.- A los grandes narcotraficantes se les ha visto como un "blanco" a perseguir y neutralizar, esto cambiaría por la idea de que son actores de una situación y que por lo tanto, se les considera dentro de las decisiones políticas a tomar en un proceso de quid pro quo.

Lo anterior implica aspectos tales como: negociación no enfrentamiento o no matanzas en ciudades a cambio de neutralidad en zonas alejadas. Por supuesto que esta visión de pax narca no es compartida por quienes prefieren las visiones dicotómicas del bueno versus malo. ¿Se tiene la suficiente fuerza en el sentido amplio para garantizar la estabilidad?

El historiador inglés Tony Judt expresó: "Evitar los extremos es una virtud moral en sí misma, además de una condición para la estabilidad política y social".

7 de marzo de 2019

LOS CÁRTELES DE MÉXICO

Son 37 cárteles o grupos de la delincuencia organizada que operan en México, según la Fiscalía General de la República (FGR).

En el oficio FGR/UTAG/DG/001501/2019 la FGR dio a conocer la lista más actual de los grupos de la delincuencia organizada que operan en México dedicados al tráfico ilícito de drogas.

Esta información corrobora que la administración federal conoce su existencia y que realizan actividades delictivas, aunque desde diciembre próximo pasado, anunció que no emprendería una "guerra contra los cárteles" pues su objetivo no sería la detención de los narcotraficantes.

En paralelo se dio a conocer en el Diario Oficial de la Federación (DOF) el decreto sobre la Estrategia Nacional de Seguridad

Pública del gobierno federal, en donde hace referencia en el diagnóstico a "Reformular el combate a las drogas".

https://dof.gob.mx/nota_detalle.php?codigo=5560463&fecha=16/05/2019

Sin embargo, en las nueve estrategias específicas del documento, aunque se incluyen los delitos del lavado de dinero y tráfico de armas conexos al narcotráfico, no incluyó una estrategia para el problema como tal.

Comentemos algunos tópicos al respecto:

Omisión. - No incluir una estrategia específica sobre el narcotráfico puede ser una omisión, lo que llevará a que las acciones sobre el tema no serán parte del balance programático de seguridad pública que se haga de la Secretaría de Seguridad y Protección Ciudadana (SSPC) y de la Guardia Nacional que de ella dependerá.

Ubicación. - Si el problema del tráfico ilícito de drogas se ubicará como asunto de seguridad nacional, entonces aparecerá en algún documento programático para tal fin, que devenga en lineamientos específicos para el Consejo de Seguridad Nacional, la SEDENA, SEDEMAR, la SSPC y el Centro Nacional de Inteligencia.

Planeación. - Si sólo se tratará a las drogas como un problema de salud y aparecerán los programas en el documento respectivo, las acciones que la FGR realice para el control de la oferta y oferentes deberán ubicarse en otros documentos programáticos distintos al ya publicado por el DOF, a efecto de que la planeación pueda ser considerada como integral.

El escritor estadounidense David Allen ha expresado: "Si un proyecto sigue estando en su cabeza, es que aún le quedan cosas por planificar".

23 de mayo de 2019

TRAFICAR CON MIGRANTES

México ha sido tierra fértil para este tipo de delito de la delincuencia organizada transnacional.

El tráfico ilícito de humanos es un problema global y afecta a muchos países que son territorio de origen, tránsito o destino, pues los grupos delictivos lucran con las personas a través de fronteras y entre continentes.

Evaluar la verdadera dimensión de este delito es difícil debido a su clandestinidad, a la dificultad para determinar cuándo la migración irregular es facilitada por contrabandistas, además de que la gente que "paga el servicio" de los traficantes no denuncia al delincuente.

El tráfico ilícito de migrantes presenta diversas formas:

• Los migrantes de medios económicos escasos pagan por los tramos del viaje a traficantes que pueden no estar vinculados entre sí y corren mayores riesgos.

• Los migrantes de más recursos tienen mayor garantía de llegar a su destino, pero el pago al traficante siempre es más alto porque "presta todo el servicio".

En 2015 el costo por ir de "mojado" entre México y Estados Unidos de América era de 60 mil pesos promedio y en 2017 de 107 mil; si el arreglo se hace lejos de la frontera y se pide ir "más adentro" de los Estados Unidos "pasando a la Border Patrol", el costo en 2018 era de seis mil dólares.

Los traficantes de humanos tienen diversas nacionalidades, en nuestra frontera norte son naturales de ambos países protegidos por diversas autoridades y se relacionan al uso de documentos falsos, al flujo de fondos ilícitos, corrupción, terrorismo, tráfico de mercancías ilícitas y trata de personas.

¿Cómo es que llegan a Centroamérica migrantes de origen caribeño, africano y hasta asiático?, es muy difícil que lleguen a nado.

INTERPOL recomienda al menos lo siguiente:

• Realizar operaciones para desmantelar las redes delictivas del tráfico ilícito de migrantes y delitos relacionados.

• Formar funcionarios policiales especializados de primera línea.

• Promover la investigación conjunta en casos internacionales complejos.

En temas difíciles siempre es mejor recurrir a los clásicos: "Welcome to Tijuana, con el coyote no hay aduana", Manu Chao en "Clandestino".

20 de junio de 2019

TRÁFICO DE MIGRANTES: MODUS OPERANDI

El control del tráfico ilegal de migrantes requiere de la participación de autoridades de los países de expulsión, tránsito y destino, así como de la ONU.

La entrada irregular de una persona a un país del cual no se es residente permanente, es el resultado principalmente del tráfico ilícito de migrantes. Este tráfico tiene como fin obtener un beneficio financiero u otro generalmente de orden material.

El tráfico de migrantes presenta la misma dinámica de otros mercados internacionales del crimen organizado y es promovido por una demanda y una oferta de "servicios" de tráfico vía terrestre, aérea o marítima, que busca rehuir las regulaciones que establecen los diversos países.

Las ganancias de los traficantes se derivan de los cobros a los migrantes por sus "servicios" y son más altos en función de: la distancia a recorrer, el número de fronteras a cruzar, los medios de transportación, lo accidentado de las condiciones geográficas, el empleo de documentos de identidad o de viaje falsos y el riesgo de ser detenido por las autoridades. Lo anterior quiere decir que los pagos a los traficantes no son fijos y también pueden cambiar de acuerdo con el tipo de migrante.

Las redes delictivas que trafican con migrantes han desarrollado esquemas complejos que incluyen: trabajos inexistentes, matrimonios falsos, falsificación de documentos y cohecho a funcionarios de los países de las rutas de tránsito y destino migratorio.

Los "servicios" proporcionados por los traficantes de humanos pueden incluir: planificación y contacto a lo largo de una ruta; alojamiento; transporte, guía y acompañamiento en el cruce ilegal de la frontera; información; así como pago de sobornos y documentos de viaje falsos.

Los riesgos que corren los migrantes traficados por la delincuencia organizada pueden ser: muerte por ahogamiento o asfixia, accidentes y deshidratación entre otros, como se ha podido apreciar en las fotografías alusivas tomadas últimamente en el Río Bravo. Si el migrante es detenido el traficante no se hace responsable de ello, ni de lo que ocurra después de la detención.

El poeta español Ángel González Muñiz expresó: "La vida es un tráfico donde se balancean las pérdidas y las ganancias".

27 de junio de 2019

"NARCO CORPORATIVO"

Las organizaciones de la delincuencia en México continúan su evolución como grupos delictivos.

Con el juicio en Estados Unidos de América del exsecretario de Seguridad Pública de nuestro país, se han conocido diversos datos que nos permiten reflexionar sobre la evolución de la delincuencia organizada.

Tengamos presente que existe el antecedente de "Los Zetas", que al separarse del cártel al que servían diversificaron sus formas de delinquir, similares a las de la "Cosa Nostra", este progreso constituyó un paso más allá del tradicional cártel.

Ahora por diversos medios de comunicación hemos sabido del grupo "Seguimiento 39", que el Departamento de Justicia del vecino país del norte ubicó como una de los organizaciones más sofisticadas y peligrosas.

El también llamado "cártel de cárteles" durante varios años logró hacer negocios con grupos rivales entre sí, trasladaba cocaína de Sudamérica, obtenía armas, brindaba seguridad a cargamentos de droga o establecía redes de lavado de dinero para distintos grupos delictivos.

Su forma de organización nos recuerda algunas de las funciones de "La Comisión" de las diversas organizaciones sicilianas, que no son un gobierno centralizado de la Mafia, sino un mecanismo representativo de consulta de los clanes independientes, por ejemplo, regular el uso de la violencia: si un mafioso quiere cometer un asesinato en el territorio de otro clan tiene que pedir el permiso del jefe local y "La Comisión" aplica esta regla.

Mientras el crimen en México ha ido evolucionando a formas superiores de organización y funcionamiento, nuestro país no tiene un programa de seguridad nacional que atienda problemas de esta naturaleza.

El filósofo español José Ortega y Gasset expresó: "El mayor crimen está ahora, no en los que matan, sino en los que no matan, pero dejan matar".

13 de febrero de 2020

LA NOCHE DEL DIABLO

El control de la delincuencia se debe realizar en el marco del derecho de lo contrario sería una venganza.

En estas épocas de confinamiento por el coronavirus en el mundo, la televisión de paga ha sido un distractor de los problemas de la salud pública, crisis económica e inseguridad en el país.

Actualmente todavía se puede ver la serie "The Last Narc", cuyo relato nos lleva al caso del agente especial de la Administración para el Control de Drogas de los Estados Unidos de América (DEA), Enrique Camarena Salazar conocido como "Kiki", quien fuera secuestrado por miembros del cartel de la droga de Guadalajara, Jalisco, mientras estaba asignado por la Agencia en dicha ciudad de nuestro país.

Además de las revelaciones que aporta el documental sobre el homicidio del agente de la DEA en 1985, el uso de armas de sus agentes en nuestro territorio, las formas de operar y secuestrar en México y la captura de varios miembros del cartel, sobre el tema se puede abundar:

Proceso judicial.- La justicia condenó a 40 años de prisión a Rafael Caro Quintero, sin embargo, en 2013 cuando aún le faltaban 12 años por cumplir, obtuvo de un tribunal de Jalisco su libertad por un defecto de forma en el proceso; cuando la sentencia fue invalidada el liberado ya estaba en la clandestinidad.

Actuaciones.- El fundador del Cártel de Sinaloa sigue siendo uno de los objetivos de la DEA y por su captura ofrece 20 millones USD. En su momento no se le extraditó en virtud de que México era capaz de realizar la impartición de justicia y la ejecución de la sentencia penal, porque los delitos imputados sucedieron en tierras nacionales y aquí fue detenido.

Delincuencia organizada.- A Caro Quintero no se le puede acusar del delito de formar parte de la delincuencia organizada asociándolo a los hechos de aquel entonces, debido a que la ley en la materia data de 1996, fecha posterior a lo sucedido en Guadalajara y, por principio, no se aplicaría la retroactividad; tampoco se puede invocar la Convención de las Naciones Unidas contra la Delincuencia Organizada Transnacional y sus Protocolos que es del año 2000.

El escritor cubano José Martí expresó: "El que tiene un derecho no obtiene el de violar el ajeno para mantener el suyo".

3 de septiembre de 2020

LA MAYOR AMENAZA

Son once las organizaciones criminales mexicanas de mayor impacto en Estados Unidos de América.

La "Evaluación Nacional de Amenazas de Drogas 2020" de la Administración de Control de Drogas, DEA por sus siglas en inglés, señala al: Cártel de Sinaloa, CJNG, Organización Beltrán Leyva, Cartel del Noreste y Los Zetas, Guerreros Unidos, Cártel del Golfo, Cartel de Juárez y La Línea, La Familia Michoacana y Los Rojos.

https://www.dea.gov/documents/2021/03/02/2020-national-drug-threat-assessment

Esta Evaluación de periodicidad anual resalta los desafíos que enfrentan las comunidades con relación al abuso de drogas y tendencias de tráfico como medicamentos recetados, heroína, metanfetamina, cocaína, marihuana y drogas sintéticas.

¿Cómo operan los grupos delictivos citados? "Las organizaciones criminales transnacionales mexicanas son la mayor amenaza del narcotráfico para Estados Unidos; controlan la mayor parte del mercado de drogas de EU y han establecido rutas de transporte variadas, tienen capacidades de comunicación avanzadas y tienen fuertes afiliaciones con grupos criminales y pandillas en los Estados Unidos", menciona el informe.

Los cárteles nacionales que se constituyen como "la mayor amenaza" del narcotráfico para el vecino país, que según la Evaluación exportan cantidades significativas de: fentanilo, heroína, metanfetamina, cocaína y marihuana.

La novedad en la pandemia durante la primera parte del año 2020 es que las operaciones y capacidades de las organizaciones criminales mexicanas "no se vieron significativamente afectadas por la pandemia de COVID-19".

Superaron las dificultades iniciales que pudieron padecer por la obtención de precursores químicos al inicio de la pandemia, pero no representaron "impactos significativos relacionados a restricciones gubernamentales de COVID-19", según lo citado por la DEA.

En cuanto al consumo, según los Centros para el Control y la Prevención de Enfermedades estadounidenses, más de 83 mil personas perdieron la vida por sobredosis relacionadas con las drogas en el período de doce meses que finalizó en julio del año pasado, un aumento significativo desde 2019, cuando más de 70 mil personas murieron por este motivo.

La francesa Madame Roland expresó: "¡Ah Libertad! ¡Cuántos crímenes se cometen en tu nombre!".

4 de febrero de 2021

UN PROBLEMA GRAVE

Nuestro país tiene extensiones territoriales que son controladas por la delincuencia organizada.

Recordemos que la Administración de Control de Drogas en la "Evaluación Nacional de Amenazas de Drogas 2020" señaló al: Cártel de Sinaloa, Cártel Jalisco Nueva Generación, Organización Beltrán Leyva, Cártel del Noreste, Los Zetas, Guerreros Unidos, Cártel del Golfo, Cártel de Juárez, La Línea, La Familia Michoacana y Los Rojos, como amenazas mayores.

Ahora el jefe del Comando Norte de Estados Unidos de América, Glen D. VanHerck manifestó: "Entre 30 y 35 por ciento del territorio de México es espacio no gobernado y es aprovechado por organizaciones criminales para fomentar tráfico de narcóticos y de personas"; ¿qué se pude comentar de esta declaración?

Comando Norte.- Es el Comando unificado de seguridad responsable de los intereses de Estados Unidos en su territorio, en Alaska, Canadá, México, Golfo de México y el estrecho de Florida; se encuentra localizado en Peterson AFB, Colorado Springs, Colorado. https://www.northcom.mil/

Visión.- Para los vecinos el tema de la delincuencia organizada trasciende los asuntos de seguridad pública, por lo que para atender al fenómeno sería necesario la actuación de las instancias de gobierno responsables de los asuntos de seguridad nacional, en virtud de que el control territorial es una responsabilidad de Estado.

Cooperación.- Desde hace muchos años se desarrolla una cooperación multilateral y bilateral para el control de la delincuencia organizada entre ambos países, por lo que en términos de diagnóstico sería provechoso conocer los datos que el gobierno federal tiene sobre el control territorial delincuencial, lo que ayudaría a dilucidar los caminos en el futuro de la colaboración.

Competencias.- El control de la delincuencia organizada en nuestro país es una responsabilidad federal y los gobiernos locales la apoyan. En cuanto al dominio territorial perdido ante los delincuentes como producto de su dinámica, estaríamos hablando de un problema más allá de la seguridad pública, el cual debe ser tratado en el seno del Consejo de Seguridad Nacional de nuestro país.

Las drogas ilícitas y los migrantes ilegales en Estados Unidos son un asunto que deben resolver en su territorio y al cual México les ayuda, el control territorial al interior de nuestras fronteras es un asunto propio, ¿nos querrán ayudar?

Mijail Bakunin expresó: "Los estados poderosos sólo pueden sostenerse por el crimen. Los estados pequeños sólo son virtuosos porque son débiles".

18 de marzo de 2021

EL NARCO CONTROLA, NO PACIFICA

Un grupo delincuencial se convierte en dominante cuando controla un territorio.

Por las declaraciones públicas sobre una parte de la delincuencia organizada, al parecer el país se enfila hacia la denominada "pax narca".

En anteriores ocasiones he comentado que el término pax proviene del latín y significa paz, sin embargo, la pax romana del emperador Octavio Augusto no alude a lo contrario a la guerra, sino que su verdadero significado se refiere a un período de hegemonía militar y política en el que el imperio Romano impuso cierta estabilidad sobre sus dominios.

Las palabras "pax narca" emulan a lo sucedido en esa época de domino romano en Europa y alrededores, pero en el actual contexto en nuestro país son aplicadas al control del territorio por grupos de la delincuencia organizada, sean traficantes de drogas ilícitas, de combustibles robados o tratantes de población migrante y que por consecuencia se denota menos la violencia.

¿Qué se puede observar al respecto?

Control ilegal del territorio.- La delincuencia organizada busca el control territorial para medrar con sus actividades ilegales. Esto no es sinónimo de pacificación, sino del uso de la violencia física o moral sobre personas, grupos sociales o delictivos.

Al obtener ese control quien termina ejerciendo la fuerza es el propio grupo delictivo, así logra estabilidad en el territorio para llevar a cabo sus diversas actividades ilegales y, en consecuencia, otras formas de violencia de grupos delictivos contrarios tienden a reducirse. A este fenómeno criminal se le puede denominar como el "Anti-estado", porque se forman áreas ajenas al control estatal por un grupo hegemónico que ejerce de facto la fuerza.

Violencia genera violencia.- Esta afirmación, aunque suena lógica no describe lo que sucede en un Estado con presencia de la delincuencia organizada de orden violento, ya que no toda lo es. En otras palabras: no se debe equiparar la aplicación de la ley con la violencia criminal, porque no son iguales en términos materiales ni legales.

Los gobiernos están obligados por sus respectivas leyes a aplicar la procuración e impartición de justicia, lo que se traduce en que si alguien viola las leyes entonces se le debe aplicar el debido proceso de orden penal; de lo contrario son omisos y pueden caer en un ilícito por negligencia. En suma, se trata de neutralizar la violencia ilegal entre delincuentes o la violencia de los delincuentes en contra de quienes no lo son, con la aplicación de la fuerza por la autoridad legítimamente constituida.

El historiador inglés Tony Judt expresó: "Evitar los extremos es una virtud moral en sí misma, además de una condición para la estabilidad política y social".

16 de junio de 2022

LAS BATALLAS DEL NARCO

Son cinco las ofensivas que actualmente libran los cárteles en México.

El Servicio de Investigación del Congreso de los Estados Unidos (CRS por sus siglas en inglés), en el documento "México: Crimen y Organizaciones de Tráfico de Drogas", presenta un diagnóstico de la situación de la violencia provocada por los grupos delincuenciales. https://crsreports.congress.gov/product/pdf/R/R41576

Las batallas que se identifican en el documento son: Cártel Jalisco Nueva Generación (CJNG) contra el Cártel de Sinaloa; CJNG contra Los Zetas; Sinaloa contra el Cártel de Juárez; Los Zetas contra el Cártel del Golfo y; CJNG contra grupos locales.

Al ubicar el territorio que ocupa cada cártel, el informe mencionó que el CJNG ocupa Colima, Nayarit, Jalisco, Baja California Sur y Querétaro; el Cártel de Sinaloa lo hace en el "Triángulo Dorado" entre Sinaloa y Durango; mientras que Guerrero están Los Rojos, Guerreros Unidos y Los Ardillos; en Guanajuato el Cártel de Santa Rosa de Lima y el Cártel de León; en Morelos los Beltrán Leyva; en Hidalgo, Tlaxcala y Puebla operan grupos locales. Asimismo, se menciona que en total habría hasta 543 subgrupos armados en nuestro país.

El informe concluye que el aumento y la propagación de la violencia, así como la actividad propia de los cárteles en nuestro país indica tres hechos:

Los cárteles más antiguos se fragmentaron.- Esto da lugar a grupos criminales cada vez más adaptables, más ágiles y competitivamente violentos. A medida que nuevas organizaciones criminales crecen y consolidan su poder, compiten cada vez más por las zonas de drogas ilícitas establecidas o crean nuevas.

La fragmentación de los cárteles deviene en su expansión.- El control territorial de drogas ilícitas es esencial para los dos objetivos principales de los cárteles: la permanencia y el lucro. A medida que un mayor número de cárteles compiten por el territorio, los conflictos violentos dentro y fuera de los cárteles y el conflicto con el Estado mexicano, continúan recrudeciéndose.

Los cárteles se diversifican y aumentan su densidad criminal.- Los cárteles en expansión y en busca de mayores ganancias recurren a otras actividades delictivas como la extorsión, el secuestro, el lavado de dinero y el robo de combustible, para obtener cada vez mayores ganancias.

Estos tres hechos dan entender que su presencia y continuidad no fue posible preverla con el fin de neutralizarla y, ya una vez sucedidos los acontecimientos, no ha sido posible minimizarlos.

Sun Tzu expresó: "Un ejército victorioso gana primero y entabla la batalla después; un ejército derrotado lucha primero e intenta obtener la victoria después".

1 de septiembre de 2022

ATRAPADO EN EL FENTANILO

Un delito de la delincuencia organizada transnacional es el tráfico ilícito de drogas: ahora el fentanilo.

El presidente mexicano dijo en una carta que dirigió al mandatario chino, que por razones humanitarias ayude en el control de los envíos de fentanilo desde China hacia México, así como la información sobre quiénes realizan las importaciones y los puertos de salida y destino.

China negó que desde ese país se trafique ilegalmente fentanilo hacia México y aseguró que las autoridades mexicanas no han notificado sobre incautaciones de la droga sintética provenientes de China.

Afirmó que "el abuso de fentanilo" en EU ha empeorado aún más y ha provocado más muertes, la causa raíz de la sobredosis se encuentra en Estados Unidos de América. Detalló que China "catalogó el fentanilo en 2019, el primero en el mundo en hacerlo, cubriendo más categorías que las programadas por las convenciones de la ONU".

El Departamento de Estado de EU afirmó que "el secretario ve la amenaza que representa el fentanilo como una prioridad importante para él y una parte específica de eso, por supuesto, son los precursores de fentanilo que se originan en China y otras partes del mundo".

En el orbe se realiza la cooperación en esta materia desde antes de la formación de la propia ONU, sin embargo, siempre necesita de acuerdos bilaterales para atender asuntos específicos entre países.

La guerra de las declaraciones no ayuda mucho en el control de esta droga, pues entre que, si las víctimas son los americanos y los victimarios los proveedores de las drogas, el debata de países de consumo, tránsito y producción nos regresa 50 años atrás en este tema.

Considero que los esfuerzos en la intercepción de drogas en tránsito demandan de fronteras seguras, sobre todo en los países como el nuestro, pues por seguridad nacional un gobierno no puede permitir fronteras porosas.

Sucede esto con el tráfico de armas o de migrantes, cada quién que haga su parte correspondiente, a México le toca defender sus fronteras de los traficantes de diverso tipo con acciones en el campo, más que en el escritorio.

Recordemos que las convenciones de la ONU no piden a los países catalogar como delincuentes a los consumidores de drogas, lo que si piden es que se tipifiquen como delitos a las conductas asociadas a la producción acopio, tráfico y venta de estupefacientes y psicotrópicos.

Un dicho popular dice para este tipo de casos: "Ponerse son Sansón a las patadas".

6 de marzo de 2023

DE CÁRTELES A MAFIAS

La evolución delictiva no fue interrumpida por los responsables de la seguridad del país.

El cártel es una agrupación que explota el comercio ilegal de sustancias psicotrópicas y estupefacientes, término más propio de Latinoamérica; la mafia medra con la venta de protección y la extorsión, vocablo más común en Europa durante el siglo pasado; un "Estado" paralelo dentro del Estado, afirman algunos analistas. Ambos fenómenos hoy son considerados como delincuencia organizada.

En México las primeras organizaciones que evolucionaron de cárteles a mafias fueron los "Zetas" y la "Familia Michoacana", hoy el fenómeno ya se ha extendido por diversas partes del territorio nacional, como se ha podido apreciar en los recientes hechos de sangre en el Estado de México.

¿Cuáles son las responsabilidades del Estado nacional ante estos fenómenos delictivos?, veamos.

Compromisos internacionales.- Nuestro país ha suscrito la Convención de las Naciones Unidas contra el Tráfico Ilícito de Estupefacientes y Sustancias Sicotrópicas y con ello tiene varias responsabilidades en el ámbito interno para prevenir, investigar y controlar el fenómeno delictivo y cooperar con los países en estas materias.

También se firmó la Convención de las Naciones Unidas contra la Delincuencia Organizada Transnacional y sus Protocolos, con lo que adquirió responsabilidades para prevenir y controlar este fenómeno delictivo.

Legislación nacional.- La Ley Federal contra la Delincuencia Organizada, la Ley de Seguridad Nacional y los respectivos códigos penales les asignan responsabilidades a las autoridades federales para atender los respectivos temas delictivos, en lo que se refiere a las autoridades locales, tienen la función de apoyo a las primeras.

Por lo tanto, si de prevenir, controlar y procurar justica en materia de delitos federales corresponde al orden nacional y los delitos del fuero común a las autoridades locales, entonces en el Estado de México ¿hubo negligencia, omisión, descoordinación, complicidad o algunas de ellas juntas? ¿Ustedes que piensan?

Albert Einstein expresó: "La preocupación por el hombre y su seguridad siempre debe ser el interés principal de todos los esfuerzos".

14 de diciembre de 2023

2.4. Problemas de seguridad pública

SEGURIDAD AUSENTE EN CAMPAÑAS PRESIDENCIALES

Ningún candidato a la presidencia de la República propuso una política de seguridad.

Al concluir las campañas políticas para ocupar el Poder Ejecutivo Federal, se conocieron algunas ideas sobre el tema de la seguridad pública y muy poco de la seguridad nacional o mundial.

El repaso nos lleva a frases comunes como más capacitación, mejores salarios a policías y sanciones más fuertes a delincuentes; algunos asesores de candidatos intentaron abonar al respecto, sin embargo, quienes más abundaron lo hicieron sobre la figura de la amnistía y por reformas a las instituciones públicas, como si de ahí dependiera la mejor solución a la problemática.

Las áreas que quedaron ausentes sólo en materia de seguridad pública son:

• Prevención del delito. - Del tipo situacional, social y comunitaria, que fue relegada al final de la actual gestión federal.

• Control e investigación del delito. - Con lo relacionado a la mejor procuración de la justicia, más allá de la independencia del Procurador General de la República.

• Impartición de justicia. - Referente a la consolidación del sistema de justicia penal que impacte en la cultura de la legalidad.

• Readaptación social. - Para que en su cometido de readaptación se evite la reincidencia delictiva.

Como la seguridad pública no es sólo una competencia del gobierno federal, sino también de los gobierno locales y municipales, tampoco se vio una definición política de los candidatos sobre la coordinación en el Sistema Nacional de Seguridad Pública.

De la seguridad nacional o posición ante temas de orden mundial ni hablamos, pues las posturas no diferenciaron ni precisaron sobre ello. Por lo visto el fin último de la seguridad pública que es mantener el orden social mediante las cuatro áreas citadas anteriormente, no fue de importancia en la contienda político – electoral.

El escritor escocés Arthur Conan Doyle expresó: "No sirve de nada alimentarse de esperanzas y después desengañarse".

28 de junio de 2018

MÁS Y NUEVAS ARMAS

Las armas, precursores químicos y el lavado de dinero son tres delitos que dan soporte al tráfico ilícito de drogas.

Ahora que se discute el tema de la pacificación del país a través de una serie de medidas que el próximo gobierno buscará emprender, vale la pena considerar en el debate la situación de las novedades en el mundo de las armas.

La idea de una empresa estadounidense de dar a conocer los planos de armas de fuego de plástico descargables y posteriormente con una impresora en tres dimensiones llevar a cabo su materialización, devendría en armas que pudieran disparar como cualquier otra fabricada con los materiales tradicionales.

La compañía de origen texano que diseñó las armas, bajo el amparo de la Primera Enmienda constitucional de los Estados Unidos de América que protege el derecho a la libertad de expresión, ha superado los obstáculos legales y en lo futuro podrá difundir los planos para la "fabricación casera" de armas.

Esta situación tendría algunas consecuencias prácticas como el que las pistolas descargables no podrían rastrearse al no llevar un número de serie, no las identificarían los arcos detectores de metales y podrían estar al alcance de cualquiera persona independientemente de su edad, estado psicológico o antecedentes delictivos.

Por otra parte, se dio a conocer que elementos de la Policía Municipal de Ciudad Juárez, Chihuahua, decomisaron un arsenal en la colonia Loma Linda, con 42 rifles de asalto bañados en oro, incluido un Barret calibre 50 antiblindaje y pistolas automáticas.

El mercado negro de armas hacia México sigue en auge y ahora con posibles "armas de plástico", se reabastecería a los grupos delictivos que entre otros originan la violencia, lo que plantea nuevas dificultades a superar para la política de pacificación que el nuevo gobierno del país pretende llevar a cabo.

El escritor español Antonio Mingote expresó: "Todos quieren la paz y para asegurarla, fabrican más armas que nunca".

2 de agosto de 2018

HOMICIDIOS DOLOSOS INCLUYE POLICÍAS

En el aumento en la incidencia de homicidios hay que considerar a los policías fallecidos.

En estos días la opinión publicada hace referencia a los datos de la incidencia delictiva a junio de este año, cuyos registros no son nada halagadores; asimismo, se comenta que en la Ciudad de México hubo registros a la baja en períodos anteriores.

Dentro de ello, veamos el tema de los homicidios y policías muertos:

Incidencia delictiva nacional.- Nuestro país registró 3,001 homicidios dolosos en junio pasado, para un total acumulado de 17,138 casos durante el primer semestre de 2019, según cifras del Secretariado Ejecutivo del Sistema Nacional de Seguridad Pública.

El acumulado del primer semestre de 2019, deduce una media de 95.2 diarios y es 7.2% superior respecto a las estadísticas del primer semestre de 2018, cuando se reportaron 15,973.

Los estados de Baja California, Guanajuato, Chihuahua, México y Jalisco son los que mayor número de homicidios dolosos presentan.

También se menciona que hubo una reducción del 5.34% en la incidencia delictiva total en México a junio de 2019, con 170,738 incidentes, comparada con junio de 2018 que fue de 180,379.

Policías muertos.- La organización civil "Causa en Común" informó que los policías asesinados en México en lo que va del año han sido alrededor de 200, este dato representa más del 46% del total de los casos contabilizados en 2018.

Los estados más peligros para los policías son: Michoacán y Chihuahua, seguido de Guanajuato, Guerrero, Estado de México y Sonora.

Unas líneas del texto "Si, hijo mío: soy policía": "… tu sabes hijo, que cuando salgo de la casa no sé si volveré a verte porque nuestro trabajo es de riesgo constante en el que va de por medio la vida misma: Así es, a veces tenemos que morir defendiendo la vida y propiedad ajena de alguien a quien no conocemos, mientras tú me esperas inútilmente para darme ese beso que a diario me das de bienvenida y entonces, hijo, me duele decírtelo: ya no volverás a verme porque habré entregado mi vida por esta ingrata sociedad que tanto nos exige y nada nos da".

25 de julio de 2019

CASA DE MONEDA (PAPEL) ASALTADA

Un asalto que evoca a la afamada serie española La Casa de Papel se suscitó en nuestro país.

Casa de Moneda de México tiene diversas tiendas y centros de distribución, en ellos se venden medallas, monedas conmemorativas y relojes; la matriz ubicada en la Avenida Reforma de la Alcaldía Cuauhtémoc fue asaltada en esta semana; el hurto inmediato anterior a intalaciones de esta Casa sucedió en junio de 2018.

Aproximadamente 50 millones de pesos en 1,500 Centenarios (50 pesos oro) y diversos relojes fueron robados, esta moneda originalmente fue acuñada en 1921 para conmemorar el primer centenario de la Independencia y en 1943 se volvieron a acuñar por la creciente demanda de monedas de oro de esos tiempos.

En la CDMX han ocurrido otros hechos que también parecieran inverosímiles, como el asalto a cuatro elementos del Estado Mayor Presidencial (EMP) en junio de 1999, sucedido después de haber retirado efectivo de una sucursal bancaria ubicada en Avenida Revolución, Col. Tacubaya, del entonces DF, cuando al salir del banco abordaron un automóvil Spirit y se dirigieron a las instalaciones del EMP; los asaltantes se apoderaron de una subametralladora Beretta nueve milímetros y de 500 mil pesos, parte del gasto corriente de la dependencia.

Enlisto algunas reflexiones sobre lo sucedido a esta institución de la SHCP:

• No es la primera vez que roban a la Casa de Moneda, por lo que este último asalto refleja que no se ha podido aprender de lo sucedido o que el personal directivo y medio responsable de la seguridad ha sido desplazado.

- La consecuencia estriba en que no funcione la seguridad en el local asaltado o sea insuficiente y se deje vulnerables a los bienes y personas.

- No existe un esquema de coordinación entre esta Casa y las autoridades locales de seguridad pública para reaccionar de manera eficaz ante un hecho delictivo.

- Surgen entonces algunas dudas: si las instituciones de gobierno como el EMP y la Casa de Moneda pueden ser asaltadas ¿qué se espera de las viviendas y personas comunes en la CDMX?, se tienen imágenes de los asaltantes ¿se resolverá este caso?

Por lo pronto, el respetable reaccionó más rápido emulando la serie española para Región 4 de DVD: "El Maistro, Chimalhuacán, Ecatepec, Apatzingán y Topilejo".

El sacerdote inglés George Herbert expresó: "Muéstrame una mentirosa y yo te mostraré un ladrón".

8 de agosto de 2019

LOS 41 DE IGUALA Y COCULA

El actual panorama político nacional contribuye poco a los objetivos de la justicia, por lo que el desenlace en este caso es de pronóstico reservado.

Después de la identificación por los laboratorios de Innsbruck de los restos de dos personas, los escenarios para los familiares de los estudiantes de la otrora "Normal guerrillera" y ahora "Normal fallida" por el trasiego de drogas ilícitas, serían al menos los siguientes:

Politización.- La estrategia de presión al gobierno federal anterior fue para buscar culparlos de los hechos y al actual para investigar a los investigadores, el escenario seguramente transitará hacia la condena nacional e internacional por la posible obstrucción de la justicia atribuible a diversos funcionarios.

Consecuencia: mantener la presión mediática al gobierno federal para el uso político de las partes interesadas.

Problemas judiciales.- Cuestionar pruebas y peritajes, intentar probar suposiciones, investigar grupalmente y el número de acusados que dificulta probarles delitos judicialmente, continuará viciando el resultado; asimismo, la liberación de los presuntos culpables ya detenidos contribuye a ello.

Se ha dado a conocer parte de la red de vínculos de los ex-normalistas, falta saber sus perfiles con los antecedentes de sus actividades (es posible que estén reservados o guardados), para incorporarlos a las carpetas de investigación con el fin de comprobar hipótesis o iniciar otras indagaciones posibles que resulten de dichos vínculos.

Consecuencia: el proceso judicial será "manoseado" y víctima de los cálculos políticos y sus tiempos, asimismo, en mucho dependerá de los intereses a satisfacer de las partes involucradas.

Cualquier desenlace en términos de violación a derechos humanos ya es negativo y la presión política no contribuirá a los esfuerzos legales por intentar hacer justicia para los deudos.

El famoso novelista francés Víctor Hugo expresó: "Ser bueno es fácil, lo difícil es ser justo".

26 de septiembre de 2019

ANARCOS Y NARCOS

Diversos acontecimientos recientes denotan vulnerabilidades del Estado en nuestro país.

En el panorama delictivo nacional se suscitaron tres acontecimientos vandálicos en la capital de la República y una emboscada al Ejército en el estado de Guerrero, lo que dejó un saldo de alteraciones al orden público y comisión de diversos ilícitos.

CDMX.- En las manifestaciones por los acontecimientos de Iguala grupos de corte anarquista realizaron daños en propiedad privada y pública y posteriormente en otra concentración con motivo del aborto sucedió lo mismo.

Asimismo, en la manifestación con motivo del 2 de octubre estos grupos realizaron similares delitos y agredieron a servidores públicos que formaban cadenas humanas, quienes identificados por su vestimenta se convirtieron fácilmente en blanco de los ataques.

Guerrero.- 3 elementos del Ejército Mexicano murieron y otros 3 más resultaron heridos durante un ataque en el municipio de Leonardo Bravo, como parte de la "Operación de erradicación intensiva Guerrero 3-19", para la destrucción de plantíos de enervantes.

Sobre estos casos se resalta: la capacidad de previsión de ilícitos y mantenimiento del orden se menguó en la capital del país y se puso en riesgo a empleados que no tienen la función del control de multitudes, a estos tres acontecimientos se suma el ataque al Ejército lo que deja un saldo final de: faltas administrativas, comisión de ilícitos videograbados en flagrancia y homicidios.

El artículo 21 Constitucional a la letra dice: "La seguridad pública es una función del Estado a cargo de la Federación, las entidades federativas y los Municipios, cuyos fines son salvaguardar la vida, las libertades, la integridad y el patrimonio de las personas, así como contribuir a la generación y preservación del orden público y la paz social, de conformidad con lo previsto en esta Constitución y las leyes en la materia. La seguridad pública comprende la prevención, investigación y persecución de los delitos, así como sanción de las infracciones administrativas, en los términos de la ley, en las respectivas competencias que esta Constitución señala..."

Dice un refrán de origen asiático: "Un tigre no pierde el sueño por la opinión de las ovejas".

3 de octubre de 2019

FUGA DE REOS

Dos hechos en este año han beneficiado al grupo delictivo de Sinaloa: la fuga del reclusorio sur de la CDMX y la liberación en Culiacán.

En este espacio ya hemos comentado que en México las prisiones federales y locales son un tema olvidado, cuando diversos personajes de la vida nacional denunciaron que sus familiares que radican en la capital del país han sido objeto de extorsiones, no se sabe si el motivo fue por sus opiniones públicas, lo que llevaría a una vendetta política bajo una supuesta modalidad delictiva o porque fueron víctimas de la delincuencia. Sobre esto último, se deslizó la especie de que las extorsiones telefónicas tienen su origen en las prisiones de la CDMX.

Ahora nuevamente los reclusorios dan de que hablar, en particular el del sur de la CDMX, pues tres reos escaparon entre ellos operadores del grupo delictivo de Sinaloa. Miembros del crimen organizado detenidos en México y buscados en Estados Unidos de América curiosamente son liberados o escapan.

Es responsabilidad directa de las autoridades carcelarias cumplir y hacer cumplir las normas y de las autoridades políticas revisar que los encargados de los penales realicen sus tareas con probidad.

Se pueden dedicar inversiones en recursos materiales, tecnológicos y humanos, en los aspectos preventivos o en otras áreas de la seguridad, pero mientras una de ellas falle, como es el caso de la readaptación social, al final de cuentas toda la seguridad resulta afectada.

El ya famoso "Culiacanazo" y la fuga de operadores del grupo delictivo con origen en la capital de Sinaloa, abren un nuevo capítulo en su proyección y, por consiguiente, el debilitamiento de los grupos rivales y del gobierno federal. Su detención podría minimizar el daño, pero el hecho de la fuga es ya un foco rojo encendido.

El célebre filósofo, político, abogado y escritor inglés Francis Bacon expresó: "En materia de gobierno todo cambio es sospechoso, aunque sea para mejorar".

30 de enero de 2020

ASESINATOS POLÍTICOS

Inicia la temporada electoral y los asesinos se aprestan a la caza.

El homicidio de la exdiputada local y exalcaldesa de Cosoleacaque, Veracruz, así como su hija, conmocionó al medio político.

No falta mucho para acudir a las urnas en junio y renovar la Cámara de Diputados, 15 gubernaturas y miles de municipios y alcaldías, así como diputaciones locales en diferentes entidades federativas.

Etellekt, la consultora en análisis de riesgos y manejo de crisis presentó su informe de violencia política en México en el proceso electoral 2020-2021 y las cifras son impresionantes.

En cinco meses han sido asesinados 46 políticos en medio del proceso electoral; uno de los datos más impactantes es que los alcaldes en funciones se han convertido en el principal objetivo de las agresiones.

Se prevé que la tendencia al homicidio de alcaldes cambiará tras el inicio, desarrollo y conclusión de las campañas políticas, cuando la violencia se dirija a los candidatos a puestos de elección popular.

Las causas que inciden en las circunstancias que favorecen los crímenes de los candidatos podrían ser:

Delictivas.- Existe mayor probabilidad de que ocurran asesinatos de candidatos cuanto mayor sea el número de organizaciones criminales que operan en un municipio. Hay mayor posibilidad de que ocurran asesinatos de candidatos si hay altos índices de violencia en un municipio. Los asesinatos de candidatos son más probables si un municipio tiene mayor incidencia de robos en su territorio.

Políticas.- El asesinato de candidatos a puestos de elección popular se eleva si existe mayores niveles de competencia electoral y se prevén márgenes estrechos de victoria. Esperemos que la tendencia homicida se reduzca, aunque las condiciones no auguran un panorama favorable considerando los antecedentes nacionales.

Winston Churchill expresó: "La alternancia fecunda el suelo de la democracia".

18 de febrero de 2021

POLICÍAS ASESINADOS

Culminó un año que no fue del todo bueno para las corporaciones policiales de nuestro país.

Todas las profesiones traen consigo riesgos de trabajo, sin embargo, cuando se trata de policías la creencia popular coloca al fallecimiento originado por un hecho delictivo como consustancial al empleo.

La organización Causa en Común realiza un recuento de los policías fallecidos en el cumplimiento de sus funciones y para el año 2021 que concluyó, el dato fue de 401; la cifra es menor a la de los dos años anteriores: 446 en 2019 y 524 en 2020.

Algunos datos que revela el estudio sobre este fenómeno durante el año pasado son:

Policías asesinados.- De los 401 policías fallecidos, 52 por ciento fueron municipales, 39 por ciento estatales y 9 por ciento federales.

Policías municipales asesinados.- 94.9 por ciento fueron policías preventivos y 5.1 de vialidad.

Policías estatales asesinados.- 74 por ciento fueron preventivos y 26 por ciento ministeriales.

Policías federales asesinados.- 22.9 por ciento preventivos, 11.4 por ciento ministeriales y 65.7 guardias nacionales.

Los estados en donde sucedió el mayor número de policías asesinatos fueron: Guanajuato, Estado de México, Zacatecas, Veracruz y Chihuahua. Los que menos policías fallecidos tuvieron fueron: Campeche, Coahuila, Hidalgo, Querétaro, Tamaulipas, Tlaxcala y Yucatán.

Cabe resaltar que el asesinato policial es un fenómeno que afecta a las corporaciones de diversas formas: merma el estado de fuerza, deteriora la mística policial, se pierden los recursos que se emplearon en la preparación de elementos y se mina la imagen de las corporaciones. Por otra parte, los grupos delictivos ven que el resultado de su actuación ante las fuerzas del orden rinde dividendos y los insta a seguir con sus actividades ilícitas.

Las familias de los elementos se ven en el desamparo, pues el apoyo institucional en la mayoría de los casos es de poca monta y son escasos los datos que tenemos sobre el impacto psicológico en los familiares directos.

Se atribuye a Bob Paulson de la Real Policía Montada de Canadá estas palabras: "La fuerza de parte de las autoridades no debe ser proporcional; debe ser mayor. Esa es la que conduce al orden público. En cambio, la fuerza proporcional invita al desafío permanente, porque deja a los antisociales en un falso empate, en vez de un castigo real".

13 de enero de 2022

#PERIODISMOENRIESGO

Nuestro país ocupa el nada honroso segundo lugar mundial en periodistas asesinados.

Según el Comité de Protección de Periodistas (CPJ, por sus siglas en inglés), en México 24 periodistas fueron asesinados en 2021 y aún se investigan otros casos con lo que la cifra puede crecer. https://cpj.org/es/

El primer lugar de la lista lo ocupa la India, sin embargo, el tamaño de país, el gremio periodístico y la población son muy superiores al nuestro.

"México es considerado como uno de los países más peligrosos para ejercer el periodismo de acuerdo con la ONU y diversas organizaciones internacionales especializadas en analizar la situación de la prensa a nivel mundial como Reporteros Sin Fronteras, el Comité de Protección a Periodistas, Artículo 19, entre otras", así lo enunciaron ante los acontecimientos recientes periodistas de 64 ciudades, donde protestaron por las agresiones y muertes.

En las ciudades donde se llevaron a cabo las manifestaciones, se expresó:

Diagnóstico.- En México la violencia de Estado que incluye la presencia del crimen organizado, coludido con los gobiernos de los diferentes niveles, ha provocado zonas de silencio donde no hay condiciones para ejercer la labor periodística. Han asesinado, desaparecido, amenazado y obligado a periodistas a desplazarse de sus entidades.

Fiscalías estatales.- Escasean las investigaciones serias por parte de las Fiscalías de los estados y la federal, para que sepamos por qué matan a periodistas y haya justicia.

Feminicidios.- En un país feminicida donde asesinan a 11 mujeres cada día, el asesinato de una periodista debe mortificarnos también a nivel social, pues toca las fibras más sensibles de un lugar donde se ha roto el tejido social. En 2021 Comunicación e Información de la Mujer, A. C., documentó que cada 38 horas una mujer periodista o comunicadora es sujeta de algún tipo de violencia por su labor.

El gremio periodístico está convencido de que su trabajo es fundamental para la sociedad, es importante garantizar la libertad de expresión y el acceso a la información, que es un bien público, aunque los gobiernos en ocasiones los vean como enemigos del Estado.

Francisco Zarco expresó: "La prensa no sólo es el arma más poderosa contra la tiranía y el despotismo, sino el instrumento más eficaz y activo del progreso y de la civilización."

27 de enero de 2022

EL MAL NACIONAL: LOS HOMICIDIOS

En México se ha normalizado la violencia homicida, sea culposa, dolosa o feminicida.

Para contribuir a dejar de "normalizar" el problema de los homicidios, guardando las proporciones entre casos, podemos exponer comparaciones entre diferentes situaciones fácticas.

Ataques del 11 de septiembre: 2,996 fallecidos incluyendo a los 19 atacantes y 24 desaparecidos en los sucesos de las torres gemelas.

Ucrania: el 8 de marzo la oficina de derechos humanos de las Naciones Unidas afirmó que había verificado mil 335 bajas civiles en Ucrania, este dato incluyó 474 muertos y 861 heridos, desde que comenzó la invasión de Rusia el 24 de febrero; al 24 de marzo diversos diarios nacionales estiman 2,300 fallecidos civiles.

México: enero 2022 tuvo dos mil 427 homicidios dolosos, la cifra más baja para ese mes en cinco años. A la mitad del actual período gubernamental, ya se ha rebasado la cifra de homicidios dolosos registrados durante el sexenio de Felipe Calderón y va en camino de sobrepasar también la de los seis años de Enrique Peña.

Proceso de la seguridad: prevención del delito y faltas administrativas – investigación y procuración de justica – impartición de justicia – sistema penitenciario, en esta última fase culmina el proceso y se inicia de nuevo, en virtud de que las cárceles tienen como unos de sus fines evitar la reincidencia delictiva, que es una de las formas de prevención del delito.

Si la disuasión propia de las policías preventivas no puede contener el homicidio o el feminicidio, entonces la labor pasa a la investigación y procuración de justicia; sin embargo, la mayor parte de los vinculados a proceso no devienen de la investigación del delito sino de la detención en flagrancia de las policías preventivas, entonces el déficit radica en las fiscalías.

Cuando los delitos contra la salud se incrementaron en nuestro país se constituyeron áreas especializadas en la entonces Procuraduría General de la República, más tarde, cuando se suscribió la Convención de Palermo se creó la Subprocuraduría Especializada en Investigación de Delincuencia Organizada y; actualmente tenemos un área federal contra el secuestro.

¿Cuál es el valor de la vida de un mexicano?, ¿las fiscalías en México se agotaron antes de madurar?, ¿ha llegado la hora de una instancia federal en materia de homicidios?, ¿es necesario un replanteamiento general al tema de la seguridad?

El escritor francés Jean de la Bruyere expresó: "Una cualidad de la justicia es hacerla pronto y sin dilaciones, hacerla esperar es injusticia".

24 de marzo de 2022

SANGRE EN EL TEMPLO

Se profundiza la descomposición social cuando las reglas no escritas se rompen.

Nos hemos enterado por diversos medios de los asesinatos de varias personas, entre ellas los sacerdotes de la Tarahumara y también, conocemos las condenas públicas ante lo sucedido.

Hace algunos años caminando por la sierra chihuahuense al observar el fondo de la cascada de Basaseachi se veía como que un perro se movía lentamente, al comentarlo quien nos acompañaba me dijo: no es un perro, es una vaca, ve que su movimiento es lento; lo que me llevó a pensar que es tal la profundidad ahí que no se dimensiona bien lo que se ve.

Es mismo sucede con la violencia reciente en esa zona y en otras latitudes del territorio nacional: no alcanzamos a ver la dimensión de lo sucedido; por ello van algunas reflexiones:

La orden sacerdotal.- Peores cosas les ha sucedido en México y han resistido, ellos seguirán ahí y en otras partes del país, es más grande su convicción que los problemas acontecidos.

El impacto.- La violencia campea, nuestro país se ve como tierra de nadie, o mas bien, como tierra de impunidad de la delincuencia organizada. No olvidemos que México es el segundo país con más población católica en el mundo.

La impunidad.- Una cosa es hacer justicia en un caso concreto, que es lo que vendrá más adelante si ello es posible, otra es que la escases de ella prosiga en el país y entonces se preguntarán ¿cuántas víctimas indirectas esperan justicia para sus familiares asesinados?

El Estado.- Homicidios sin hacer justicia, desaparecidos sin acción resolutoria del gobierno y cadáveres por ser identificados y reclamados, son la fiel muestra de la abdicación del deber.

Antes se decía: "con la familia no hay que meterse", ahora esa regla no escrita se ha roto; antes se decía: "los templos son sagrados", hoy esa regla está rota.

No se trata ya de leyes, el propósito deberá ser el de restablecer la convivencia, la sociedad en su conjunto tiene la palabra para ello, porque un brazo del Estado está extraviado.

En palabras de Marcola, jefe de la banda carcelaria de Sao Paulo denominada Primer Comando de la Capital (PCC): "... Está delante de una especie de post miseria. Eso. La post miseria genera una nueva cultura asesina, ayudada por la tecnología, satélites, celulares, Internet, armas modernas. Es la mierda con chips, con megabytes. Mis comandados son una mutación de la especie social. Son hongos de un gran error sucio".

23 de junio de 2022

EL FIASCO DEL GIEI

Recurrir a instancias internacionales para investigar homicidios en México resulta infructuoso.

El Grupo Interdisciplinario de Expertos Independientes (GIEI) presentó su sexto y último informe sobre lo sucedido en Iguala con el caso de los estudiantes. He manifestado en diversas ocasiones algunos comentarios sobre el tema que retomo para concluir al respecto.

En la Introducción del "Informe Ayotzinapa" se puede leer: "El Grupo Interdisciplinario de Expertos Independientes (GIEI) fue convocado por la Comisión Interamericana de Derechos Humanos, de acuerdo con el Estado de México (sic) y los representantes de las víctimas del caso, a acompañar en la...", aclaración: el gobierno de esa entidad federativa nunca lo convocó y si quisieron referirse a nuestro país lo que aparece en dicho texto no es el nombre correcto; véase el primer informe en: http://prensagieiayotzi. wix.com/giei-ayotzinapa

En la página 19 del mismo Informe se lee: "Las actividades de boteo y toma de autobuses han sido práctica tradicional de los estudiantes de diferentes escuelas normales de...", esta aseveración demuestra que los redactores desconocen nuestro marco jurídico, pues esas conductas se tipifican como posible privación ilegal de la libertad de los operadores de los autobuses y obstrucción del servicio público al "tomar" los vehículos para un fin distinto a su autorización, por lo que "normalizar" esas conductas intentan colocar al inicio de los acontecimientos de una manera sesgada, si no es que dolosa.

Estas apreciaciones descalifican desde un inicio la actuación del GIEI, pues su calidad deja mucho que desear si consideramos, de acuerdo con la Secretaría de Administración y Finanzas de la OEA, sus integrantes cobraron en el primer año 2.5 millones de dólares, más lo que ganaron en los años restantes.

Agrego otros temas que no fueron debidamente tratados o impulsados por dicho grupo: no se han enviado todas las muestras del caso al Laboratorio Central de ADN, que forma parte del Instituto de Medicina Legal de la Universidad de Innsbruck, y que en los últimos 17 años ha logrado resolver más de ocho mil crímenes gracias a las pruebas forenses, ¿por qué se enviaron sólo unas muestras para su análisis y no todas?

Asimismo, se han ignorado las capturas de pantalla que entregó la Drug Enforcement Administration desde 2018, con las conversaciones entre integrantes de "Guerreros Unidos" en Iguala con sus jefes en Chicago, en ellas se relata a detalle lo sucedido esa noche y los días siguientes; de ahí se desprenden líneas de investigación importantes en temas de narcomenudeo por lo menos.

En cambio, se asumen como buenas las capturas de pantalla que alguien entregó al gobierno, no se sabe de dónde salieron, no han sido verificadas como se le dijo a The New York Times, en ellas hay incongruencias sobre dónde estaban algunos jóvenes y cómo fueron asesinados.

El novelista Víctor Hugo expresó: "Ser bueno es fácil; lo difícil es ser justo".

27 de julio de 2023

FEMINICIDIOS Y POLÍTICA

La nueva epidemia que azota a México se presenta bajo la forma del feminicidio.

Vivimos épocas violentas, en estos últimos años ha surgido un problema serio, se trata de un caso especial que es el de los feminicidios. Este delito es la expresión más violenta contra las mujeres, una violencia que inicia con las guasas hasta llegar a la muerte.

Según los datos del Secretariado Ejecutivo del Sistema Nacional de Seguridad Pública (SESNSP) correspondientes a julio de 2023, la incidencia delictiva para el delito de feminicidio fue de 71 muertes en el ámbito nacional.

Los cinco estados que registraron más feminicidios en julio con respecto al número de víctimas fueron los siguientes: Veracruz 6, CDMX 5, Puebla 5, Estado de México 4 e Hidalgo 4.

En el número de víctimas de feminicidio por cada 100 mil habitantes, los cinco estados con los índices más altos fueron: Morelos

2.58, Colima 2.43, Campeche 1.89, Oaxaca 1.60 y Chihuahua 1.42.

¿En qué ambiente nacional conocemos los datos citados?, veamos tres situaciones actuales.

Movimientos sociales.- Cada que se celebra el Día Internacional de la Mujer en diversas ciudades del país se manifiestan contra la violencia amplios contingentes, así como los colectivos feministas, en particular demandan detener la muerte de mujeres. En otras latitudes, como en el reino de España, las futbolistas protestan y reclaman respeto.

Políticas gubernamentales.- Las mexicanas señalaron que los apoyos en materia de salud para prevenir y dar tratamiento al cáncer de mama se redujeron al quitar el financiamiento a las asociaciones civiles que atendían esta enfermedad y; las mujeres que sostienen sus hogares sufrieron la cancelación de las estancias infantiles, lo que dificultó su acceso al empleo formal o conservarlo si ya lo tenían.

Proceso electoral.- Entre las demandas que el próximo año estarán presentes en las campañas político – electorales saldrán a la luz las causas de las mujeres, posiblemente se centrarán en exigir seguridad, en especial prevenir el feminicidio, así como promover la salud de las mujeres. Tendremos dos candidatas al Poder Ejecutivo Federal, seguramente también a las gubernaturas y municipios, así como a otros cargos de elección popular. ¿Qué postura adoptarán las candidatas ante la problemática señalada?

Beyoncé ha expresado: "El poder no te lo dan, tienes que tomarlo".

7 de septiembre de 2023

JUSTICIA, NO PAZ

El México de hoy necesita justicia.

"Con todo ello es manifiesto que durante el tiempo en que los hombres viven sin un poder común que los atemorice a todos, se hallan en la condición o estado que se denomina guerra, una guerra tal que es la de todos contra todos", son las palabras del célebre Thomas Hobbes que describen a la sociedad sin orden ni ley.

Recuerdo lo anterior en virtud de que los hechos de inseguridad actuales presentan una disyuntiva que aparentemente aparece como lógica, sin embargo, no es fácil tomar partido por alguna de las aristas: ¿primero se debe impartir justicia o primero hay que lograr la paz?, veamos.

Desaparecidos.- Se reclama encontrar a los familiares cuando las cifras llegan a más de 40 mil en los últimos años e incluyen a "desaparecidos de primera", que hasta comisiones especiales les crearon y los "desaparecidos de segunda", cuyas madres buscadoras ni audiencia les dan ¿quedarán impunes los perpetradores?

Feminicidios.- Los colectivos de mujeres piden que se detengan las muertes femeninas y que los feminicidas no queden libres, ¿habrá apoyo de parte del gobierno?

Secuestros.- El secuestrado desea la libertad y las víctimas indirectas quiere volver a ver a su familiar secuestrado, mientras tanto las bandas siguen operando, ¿las detendrán las autoridades?

Homicidios dolosos.- Los familiares de los asesinados reclaman detener al perpetrador que ultimó a su pariente. Al 31 de agosto el acumulado de asesinatos durante la presente administración alcanzó 164 mil 693 asesinados, el período de mayor violencia desde que se tiene registro oficial.

¿Se debe perdonar a los delincuentes para alcanzar la paz? La justicia aplica la ley a quien la infringe, el cese de la violencia aparece con neutralidad social si no existe justicia.

Cicerón expresó: "La justicia no espera ningún premio. Se la acepta por ella misma. Y de igual manera son todas las virtudes".

28 de septiembre de 2023

FOSAS CLANDESTINAS

Nuestro territorio parece un gigantesco cementerio clandestino.

En el "Valle de los Caídos" ubicado en la ciudad de Madrid están los restos de 33 mil 847 víctimas de la Guerra Civil española, de los cuales no están identificados doce mil 419; acudo a estos datos históricos del viejo continente para que puedas comparar la magnitud de los números que presenta México en cuanto a cadáveres en las fosas clandestinas.

En la presente administración sexenal federal se han localizado dos mil 864 fosas anónimas, la mayoría en los estados de Veracruz, Colima, Sinaloa, Guerrero y Michoacán; a este dato podríamos agregar el de los cadáveres no identificados en los servicios médicos forenses del país.

Estadísticas del terror.- Como número total en 570 municipios se han encontrado cinco mil 696 fosas clandestinas. En esta administración federal han aumentado las localizaciones de entierros ilegales, incluso durante 2020 y 2021 los años con mayor restricción de movilidad derivado de la pandemia de coronavirus. Hasta abril de 2023, el conteo indicaba que dos mil 864 fosas clandestinas, más de la mitad de las que están registradas, fueron descubiertas en la presente administración.

Por lo que el número de fosas clandestinas se ha incrementado en 88 por ciento, además, hay hallazgos en 177 municipios más que los reportados en 2016. Estos datos forman parte de una investigación de Quinto Elemento Lab, la cual reveló que entre 2006 y 2016, se descubrieron casi dos mil entierros ilegales.

https://quintoelab.org/project/mexico-rebasa-cinco-mil-fosas-clandestinas

Desaparición forzada.- Nuestro país presenta cifras récord en el número de desaparecidos al superar 111,500. Existe "una situación generalizada de desapariciones" y "la ausencia de una política nacional de prevención y erradicación" de este delito, por lo cual la impunidad es casi absoluta. Estas son algunas de las principales conclusiones que en septiembre dio a conocer el Comité contra la Desaparición Forzada de la ONU, en un informe después de su visita a nuestro país en noviembre de 2021 y del diálogo que establecieron con algunos funcionarios mexicanos en septiembre de este año, durante la 25ª sesión del Comité celebrada en Ginebra, Suiza. Asimismo, se declaró que es de suma preocupación el aumento de la desaparición de niñas, adolescentes y mujeres.

Sófocles expresó: "Un Estado donde queden impunes la insolencia y la libertad de hacerlo todo, termina por hundirse en el abismo".

12 de octubre de 2023

LA IMPUNIDAD

En la presentación de presuntos delincuentes ante el MP hay poca efectividad.

"La seguridad pública es una función del Estado a cargo de la Federación, las entidades federativas y los Municipios, cuyos fines son salvaguardar la vida, las libertades, la integridad y el patrimonio de las personas, así como contribuir a la generación y preservación del orden público y la paz social, de conformidad con lo previsto en esta Constitución y las leyes en la materia. La seguridad pública comprende la prevención, investigación y persecución de los delitos, así como la sanción de las infracciones administrativas, en los términos de la ley, en las respectivas competencias que esta Constitución señala", así puede leerse en una parte del artículo 21 de la Constitución del país.

Es conveniente tener presente lo anterior porque en el Censo Nacional de Seguridad Pública 2023 del INEGI, encontrarán un dato de interés para el tema de las puestas a disposición ante el Ministerio Público (MP) de los presuntos delincuentes.

https://www.inegi.org.mx/programas/cnspf/2023/

En el Censo aparecen unos datos sobre la Guardia Nacional que en 2019 registró como presuntos delincuentes en las puestas a disposición ante el MP a 51,666 personas, en 2020 a 24,894, en 2021 a 15,965 y en 2022 a 5,376, esto representa un decrecimiento de 66.3 por ciento en los dos últimos años registrados.

Por supuesto que a las anteriores cifras hay que agregar lo que al respecto hacen las corporaciones locales para tener el panorama nacional, sin embargo, si vemos la efectividad policial de la corporación federal esta deja mucho que desear por las expectativas que genera el discurso oficial y sobre todo, por las demandas del pueblo sobre este tema que evidentemente no han sido cumplidas.

Si a esta situación agregamos que el número de las personas detenidas resultado de las labores de investigación de las policías ministeriales es demasiado bajo, entonces el efecto es un aumento gradual de la impunidad en la comisión de los delitos.

Ahora que en México se llevarán a cabo los procesos electorales sería conveniente saber qué opinan los candidatos, sean locales o federales, pues sus posturas permitirán saber si tienen como prioridad disminuir la impunidad en la comisión de los delitos federales y del fuero común.

En el caso en que no sea así, el escenario no se vislumbraría halagüeño, pues entonces las futuras autoridades tendrán que seguir empleando al ejército y a la armada para apoyar la función del Estado en la seguridad pública.

El filósofo romano Lucio Anneo Séneca expresó: "En tres tiempos se divide la vida: en presente, pasado y futuro. De éstos, el presente es brevísimo; el futuro, dudoso; el pasado, cierto".

23 de noviembre de 2023

UNA MASACRE MÁS

En las redes sociales se observan escenas de horror filmadas en Guerrero.

Hace ya algunos años un presidente en funciones afirmó: "no despertemos al México bronco"; esas palabras se han convertido en realidad actualmente.

En las videograbaciones de las redes sociales aparecen: cuerpos mutilados, incinerados, con tiro de gracia, humillados, en fin, todo un catálogo de violencia letal. Un grupo delictivo se atribuyó la masacre de San Miguel Totolapan cuyas víctimas son parte de otro grupo delictivo.

https://www.youtube.com/watch?v=uzEa139nSqQ

Reflexionemos este caso desde la óptica delincuencial en palabras de "Marcola", jefe de la banda carcelaria de San Pablo, Brasil, denominada Primer Comando de la Capital:

"Ustedes son los que tienen miedo de morir, yo no. Mejor dicho, aquí en la cárcel ustedes no pueden entrar y matarme, pero yo puedo mandar matarlos a ustedes allí afuera. Nosotros somos hombres-bombas. En las villas miseria hay cien mil hombres-bombas. Estamos en el centro de lo insoluble mismo. Ustedes en el bien y el mal y, en medio, la frontera de la muerte, la única frontera. Ya somos una nueva «especie», ya somos otros bichos, diferentes a ustedes. La muerte para ustedes es un drama cristiano en una cama, por un ataque al corazón. La muerte para nosotros es la comida diaria, tirados en una fosa común ¿Ustedes intelectuales no hablan de lucha de clases, de ser marginal, ser héroe? Entonces ¡llegamos nosotros! ¡Ja, ja, ja...!

Yo leo mucho; leí 3.000 libros y leo al Dante, pero mis soldados son extrañas anomalías del desarrollo torcido de este país. No hay más proletarios, o infelices, o explotados. Hay una tercera cosa creciendo allí afuera, cultivada en el barro, educándose en el más absoluto analfabetismo, desplomándose en las cárceles, como un monstruo Alien escondido en los rincones de la ciudad. Ya surgió un nuevo lenguaje. ¿Ustedes no escuchan las grabaciones hechas «con autorización» de la justicia? Es eso. Es otra lengua. Está delante de una especie de post miseria. Eso. La post miseria genera una nueva cultura asesina, ayudada por la tecnología, satélites, celulares, Internet, armas modernas. Es la mierda con chips, con megabytes. Mis comandados son una mutación de la especie social. Son hongos de un gran error sucio".

Las videograbaciones de las escenas guerrerenses son una muestra de las palabras de Marcola cristalizadas en nuestra realidad nacional.

Hannah Arendt expresó: "La violencia puede destruir el poder, pero es completamente incapaz de crearlo".

22 de febrero de 2024

MÉXICO CRIMINAL

Nuestro país es el principal mercado criminal del mundo.

Según el Índice Global de Crimen Organizado de 2023 los Estados Unidos Mexicanos son el país con los más fuertes mercados criminales: trata y tráfico de personas, extorsión, comercio de productos falsificados, tráfico de armas y mercados negros de bienes de consumo.

Este Índice da puntuaciones generales de criminalidad contenidas en el informe de investigación de la "Iniciativa Global contra el Crimen Organizado Transnacional", en el cual ocupamos el primer lugar de los mercados criminales, seguido por Myanmar, Irán, Nigeria y Colombia.

Esta medición contrasta con las presentaciones públicas de los datos oficiales nacionales y coincide con la opinión de analistas y casas especializadas que estudian el fenómeno de la delincuencia. ¿Qué se puede comentar al respecto?

Diversidad criminal: la delincuencia organizada en México no es sólo la relacionada con el tráfico ilícito de estupefacientes y sustancias psicotrópicas, nuestra ley en la materia tipifica 17 conductas delictiva en este tipo penal.

Dinámica delictiva: los criminales han pasado de ser carteles para convertirse en mafias, ¿es lo mismo?, no, pues algunos se dedican al tráfico de drogas y otros al chantaje y la extorsión. En nuestro caso los hay de los dos tipos y además organizaciones criminales híbridas que ejercen ambas activades ilícitas.

Prevención, investigación y control: México no tiene una política clara en la materia pues los esfuerzos institucionales se dirigen a pocos aspectos de estas áreas. Lo que existe es un diagnóstico parcial que deviene en una estrategia similar, porque no es lo mismo una política de Estado para el control de la delincuencia organizada que una estrategia.

Si se desea conocer todo el documento mencionado para los 193 estados miembros de la Organización de las Naciones Unidas se puede consultar en la liga:

https://globalinitiative.net/wp-content/uploads/2023/09/I%CC%81ndice-global-de-crimen-organizado-2023.pdf

La nota en los medios de comunicación de este Índice no tuvo gran difusión, los datos de corte analítico ya no captan la atención porque los opacan las noticias de los homicidios comunes, los asesinatos de políticos en época electoral, o porque no se contabilizarán como un logro para hacer historia.

El regiomontano Diego Enrique Osorno expresó: "El crimen organizado en México se origina, sostiene y nutre desde las estructuras del Estado, en particular de aquellas que teóricamente existen para combatir, precisamente, a la delincuencia".

29 de febrero de 2024

2.5. Riesgo de seguridad nacional

CORRUPCIÓN Y CRIMEN ORGANIZADO

Las personas al adquirir bienes o servicios al crimen organizado fomentan su crecimiento.

Ahora que en nuestro país el tema de la corrupción está en boga veamos lo relacionado con la delincuencia organizada.

Ha sido un axioma en este aspecto el que diversas autoridades encubren o facilitan actividades de la delincuencia organizada, mediante mecanismos que implican corrupción, sin embargo, esto no sólo es privativo de ellas, la gente común también participa o alienta esta situación.

México considera al terrorismo, los delitos contra la salud, la falsificación de moneda, operaciones con recursos de procedencia ilícita, violaciones al derecho de autor, tráfico de armas, tráfico de personas y órganos, corrupción de menores de 18 años, trata de personas, algunas modalidades del secuestro, contrabando, algunos delitos en materia de hidrocarburos y los delitos contra el ambiente, como delitos de la delincuencia organizada.

El crimen organizado que se dedica a estas actividades ofrece productos y "servicios" que las personas adquieren, por lo que se benefician de los grupos delictivos y debido a ello rara vez los denuncian ante el ministerio público.

Algunos bienes y "servicios" que la gente adquiere son:
- Drogas ilícitas a narcomenudistas.
- Contrabando al comercio informal.
- Productos "pirata" a vendedores ambulantes.
- Gasolina y diésel robado que se compra a expendedores.
- Armas a los traficantes.
- Madera y especies en peligro de extinción a ofertantes de ellos.
- Servicios de "polleros" para cruzar fronteras de manera clandestina.
- Prostitutas en lugares relacionados con trata de personas.
- Y otros se benefician del lavado de dinero.

Todos los productos y "servicios" anteriores son puestos en el mercado ilegal por el crimen organizado, así es que, si de combatir la corrupción se trata, no sólo es necesario neutralizar a las autoridades que solapan la actividad económica de los grupos delictivos, sino también a la gente que adquiere sus bienes y servicios.

El juez Giovanni Falcone expresó: "Quien acaricia a un tigre acaba perdiendo un brazo".

14 de marzo de 2019

EL "ESTADO PROFUNDO"

Desde hace algunos años en México se ha configurado un "estado" dentro del Estado.

El término "Estado Profundo" tuvo su origen con el caso turco y hace referencia a un sistema compuesto por militares, judiciales, de inteligencia, seguridad y crimen organizado, que es capaz de "gobernar" un país sin el consentimiento expreso del gobierno formal.

No sólo se dice que el "estado" dentro del Estado fue privativo de Turquía en 1996 sino que fenómenos similares han sucedido en Egipto, Estados Unidos de América, Venezuela y el Daesh, al operar como el iceberg que se emplea en la Deep Web.

Al respecto, en nuestro país los actores políticos se han coludido con los grupos delictivos, como se pudo observar en Iguala, Guerrero, cuando narcotraficantes, autoridades de seguridad pública y la esposa del presidente municipal estaban vinculados entre sí, hecho que salió a relucir con el secuestro de estudiantes.

Si pensamos que cuando una autoridad se colude se trata sólo de un caso personal, estaríamos faltando a la rigurosidad y profundidad en el análisis porque las indagaciones de la justicia no son difundidas en su totalidad, lo que no ayuda al propósito, o no analizamos con la óptica del Deep State.

Para contribuir al tema se apuntan algunas variables para identificar la presencia del fenómeno en México:

- Protección a las actividades del crimen organizado.
- Obstrucción de la justicia.
- Actuación de la autoridad sin cumplir las leyes.
- Laxitud en los controles del personal de áreas de gobierno y seguridad.
- Aislacionismo del gobierno y sociedad en el ámbito internacional.
- Sociedad que se beneficia de los bienes y servicios que le adquiere al crimen organizado, "divorciada" de la cultura de la legalidad y "casada" con la oferta criminal.

Con el paso el tiempo los protagonistas del "Estado Profundo" y sus prácticas se enraízan y se ocultan en el anonimato de los medios electrónicos, ello dificulta su identificación y la red de complicidades. Ha llegado el momento de actualizar nuestras concepciones y prácticas de la seguridad nacional, que es el área por antonomasia para atender este problema.

El poeta británico Lord Byron expresó: "Apenas son suficientes mil años para formar un Estado, pero puede bastar una hora para reducirlo a polvo".

28 de marzo de 2019

DE LA INSEGURIDAD A LA INGOBERNABILIDAD

La frontera entre la inseguridad y la ingobernabilidad es muy tenue en los actuales momentos.

Las instituciones de seguridad pública atienden tres áreas: apoyan a la justicia cívica, vigilan la vialidad, así como la prevención y control de los delitos; estas tres actividades son el eje central del orden público.

Debemos tener presente lo anterior, en virtud de que en México suceden diversos acontecimientos que atañen a la seguridad pública, que si no son atendidos oportunamente pueden derivarse en problemas de gobernabilidad. Veamos:

Enfrentamientos armados.- Entre grupos delincuenciales por diversos motivos, como un ejemplo tenemos el caso de Michoacán y, cuando algún grupo delictivo elimina a un adversario como en la Ciudad de México, Morelos, Sonora y Veracruz.

Afrentas a las fuerzas del orden.- Como parte de la población contra la acción gubernamental las cuales terminan en violencia, como los hechos suscitados frente a Palacio Nacional, el Palacio de San Lázaro, el transporte público en la Ciudad de México, Querétaro y en una bodega en Acajete.

Coordinación interinstitucional insuficiente.- Sobre los enfrentamientos en Michoacán un grupo delictivo los advirtió preson el brazo operativo para cumplir la función de seguridad son emboscados por un grupo delincuencial, esta agresión a una dependencia del Estado en su nivel entidad federativa, es un asunto de seguridad nacional.

¿Por qué se afirma esto? porque se trata de un ataque a un brazo operativo del Estado que tiene la función de la seguridad en una entidad federativa.

¿Cómo debe atenderse este tema?, desde la óptica de la seguridad nacional y por consecuencia deben intervenir las autoridades federales en la materia, tales como la Fiscalía General de la República, la Secretaría de Seguridad y Protección Ciudadana y sus órganos desconcertados competentes, por lo menos, así como solicitar la colaboración de las autoridades locales.

¿Hasta dónde se debe llegar? a la detención de los presuntos culpables, vincularlos a proceso y en aspectos de prevención, a recopilar los datos que ayuden a comprender el suceso para aprender de ellos, evitar y/o minimizar en el futuro hechos de esta naturaleza.

Si el Estado no se defiende así mismo, ¿podrá defender al pueblo?

Sun Tzu expresó: "Cualquiera que tenga forma puede ser definido y cualquiera que pueda ser definido puede ser vencido".

17 de octubre de 2019

EL "SITIO DE CULIACÁN"

Las posibles consecuencias de un operativo se estiman en la planeación, no en la ejecución.

En la historia reciente del país, después de la toma de San Cristóbal de las Casas, los hechos en la capital de Sinaloa son la mayor afrenta al Estado.

Al respecto, se pueden mencionar al menos tres puntos:

"El Sitio de Culiacán": ante una acción en contra de un cartel la respuesta en los ámbitos paramilitar, logístico, informativo e ideológico y culminó en sitiar por unas horas la capital de una entidad federativa. El resultado fue la liberación del líder de un cartel y los saldos fueron: en el plano social la legitimidad al interior y fuera del grupo se incrementó; en lo político habrá un cambio en las relaciones y acuerdos informales con el poder constituido y; en el ámbito policiaco – militar el balance fue positivo a favor del grupo que sitió la ciudad.

Los cárteles: estudiarán los acontecimientos y las acciones de comunicación del grupo dominante en Culiacán; observarán las reacciones del gobierno federal al entregar al asegurado; realizarán preparativos con el aprendizaje que deja la táctica y operatividad empleada en "El Sitio de Culiacán" y; analizarán al "enemigo" por los enfrentamientos que pudieran tener en el futuro.

El gobierno federal: mantendrá su discurso y acciones desinformados, sin responsable, difundiendo datos diferentes a los que dan los medios de comunicación extranjeros, confundiendo seguridad pública con seguridad nacional y buscando restituir su imagen. Al interior suponemos que analizarán lo acontecido pues si creen en sus alocuciones públicas las consecuencias serían de pronóstico reservado.

Los grupos del crimen organizado no son "blancos" en espera de ser cazados por un tiro, algo similar a los patos de los puestos en las ferias populares, por el contrario, forman parte de la realidad nacional y se comportan como actores en el escenario político.

Por lo anterior, las decisiones a adoptar deberían tener presente la anterior condición; una de ellas podría ser el diseño de una política de Estado para comprender los temas de la agenda de seguridad nacional.

Antes de la era cristiana Sun Tzu expresó: "Un ejército victorioso gana primero y entabla la batalla después; un ejército derrotado lucha primero e intenta obtener la victoria después".

24 de octubre de 2019

"LEVANTÓN" EN CULIACÁN

Cuando la autoridad actúa al margen de las normas legales se iguala al objeto en que recae su acción.

A los 13 días del "Sitio de Culiacán" se ha presentado en conferencia de prensa una serie de datos y videograbaciones de los hechos; al respecto se comentan algunas afirmaciones sobre puntos legales:

No hubo orden de cateo.- Estas palabras las pronunció en sus conclusiones el Secretario de la Defensa Nacional; al contrastarlas con las videograbaciones no se denota expresamente que se invoque una orden de cateo en la entrada al domicilio, ni en las inmediaciones de la puerta interior de la vivienda, tampoco se observan ataques contra las personas que entraron al inmueble, por lo que la palabra del Secretario tiene credibilidad. Si recurrimos al término popular de "levantón" que hace alusión a llevarse a una persona en contra de su voluntad, la intentona en Culiacán tiene más similitud con este término que con una intervención oficial.

Beligerante.- En su alocución el Secretario de Seguridad y Protección Ciudadana calificó con este término a los sujetos armados no policiales o militares en Culiacán. Esta palabra tiene diversas acepciones, si es mencionada en un contexto de hechos de armas, la beligerancia alude a la participación en un conflicto determinado y como concepto es usado en el Derecho Internacional Público para designar a la nación o sujeto político que está en guerra, o en política a los participantes más visibles en algún conflicto social. Hasta donde sabemos no se ha dado la categoría de beligerante a las fuerzas armadas del cartel que sitió la ciudad; es pues que con lo anterior tenemos que la vigencia del Estado Constitucional de Derecho sufrió afectaciones por la actuación oficial y por una concepción cuyas aplicaciones se prestan a duda.

La Fiscalía General de la República, la Comisión Estatal y la Nacional de Derechos Humanos podrían intervenir para dar su mejor opinión jurídica.

El romano Julio César expresó: "Si tienes que infringir la ley, hazlo para tomar el poder, si no es el caso, observa la ley."

30 de octubre de 2019

ATAQUES AL ESTADO

Atacar palacios municipales, elementos policiales o instituciones nacionales estratégicas no son asuntos de seguridad pública, sino de seguridad nacional.

Uno de los elementos constitutivos del Estado son los gobiernos y sus funciones, una de orden prioritario es la de mantener el orden público que se lleva a cabo mediante los sistemas: policial preventivo, de investigación, ministerial, impartición de justicia y readaptación social.

Por lo que un ataque armado, motín, sabotaje, acto terrorista y ciberterrorista o de otra naturaleza contra el Estado en sus órdenes municipal, estatal y federal, se constituye en un asunto que obstaculiza las funciones Estatales o su integración.

Estos fenómenos disruptivos los recopila el marco normativo nacional correspondiente y le asigna al Poder Ejecutivo, a sus dependencias federales y a la Fiscalía General de la República, responsabilidades para cada caso específico.

Por lo que los hechos de 2019 en: Michoacán, Sinaloa, Oaxaca, Coahuila, PEMEX y la entrada masiva de migrantes ilegales, se inscriben en una lógica contra el Estado, de tal suerte que rebasan el ámbito local para formar parte de las responsabilidades federales, por supuesto con apoyo de gobiernos locales.

México ha suscrito las convenciones internacionales contra el crimen organizado, tráfico ilícito de drogas y terrorismo y, no se sabe de experiencias internacionales demostrables, que con el ablandamiento unilateral del Estado haya generado resultados suficientes sea contra cárteles, mafias o acciones terroristas.

En todo caso, lo anterior puede llevarse a cabo después de controlar a los grupos disruptivos, así como haber retomado el pleno ejercicio de gobierno en el territorio; esto ha sucedido con los cárteles en Colombia, o allende el continente como en Sicilia, Italia, con la Cosa Nostra.

Nunca se acaba con los grupos criminales pues son un fenómeno consustancial a las sociedades, sin embargo, sí se ha comprobado que se les puede controlar, inhibir su entrada a determinados espacios o reducirlos a zonas acotadas. Aquí no aplica el "laissez faire"; en México apremia un Programa de Seguridad Nacional.

El poeta inglés Lord Byron expresó: "Apenas son suficientes mil años para formar un Estado, pero puede bastar una hora para reducirlo a polvo".

4 de diciembre de 2019

TERRORISMO Y CÁRTELES

Ha llegado la hora de una posición clara de México ante los grupos de la delincuencia organizada.

Ante los acontecimientos de Orlando, Florida, en los que murieron mexicanos en junio de 2016, en este espacio escribía: "Recordemos que ya ratificamos la Convención de Palermo y en enero de 2003 se depositó ante la ONU el convenio sobre la represión del financiamiento del terrorismo y la adhesión al convenio para la represión de los atentados cometidos con bombas.

Por lo tanto, deberíamos de participar en el control y represión del terrorismo, con políticas como no dar limitaciones para cooperar derivadas de ciertas garantías legales como el secreto bancario, el traslado de personas detenidas entre países, o por la condición de refugiado y el derecho de asilo, o establecer el principio de extraterritorialidad expresamente en nuestras leyes.

En el frente interno tenemos que fortalecer las capacidades de seguridad nacional contra el terrorismo y la cooperación en inteligencia, donde algo tenemos ya, también deberíamos vigorizar el esquema social para aprender a coexistir y a prevenir el fenómeno, pues no pensemos que el acto terrorista sucede sólo en Estados Unidos de América o el Medio Oriente".

La Ley Federal contra la Delincuencia Organizada incluye al terrorismo en su artículo 2 y en estos tiempos el gobierno federal calificó como tal a lo sucedido en el Walmart de El Paso, por lo que la matanza de niños y mujeres en Bavispe, Sonora, se inscribiría en esa lógica por consecuencia y congruencia.

El terrorismo sea político, religioso, de Estado, patológico o criminal lleva a fijar postura, pues no puede dejarse un vacío sobre la seguridad que sigue siendo una de las principales preocupaciones de los mexicanos y del mundo.

¿Debemos permanecer como hasta ahora? ¿quién debe garantizar la seguridad de los mexicanos? Cualquier respuesta tiene implicaciones analíticas, consecuencias prácticas y derivaciones en los diferentes campos de la seguridad. Este tema y otros podrían formar parte de un Programa de Seguridad Nacional que hasta el momento carecemos.

El principio de Arquímedes aplicado a otras áreas del saber: "En política, no hay espacios vacíos, el lugar que uno deja lo ocupa otro".

27 de noviembre de 2019

VACÍO DE PODER

La pandemia del Covid19 ha traído consigo expresiones sociales y delictivas que denotan un vacío de poder.

Diversos medios de comunicación han reportado hechos del tipo siguiente:

Saqueos de tiendas.- La Asociación Nacional de Tiendas de Autoservicio y Departamentales (ANTAD) reportó 53 actos delictivos por robo y saqueos en el país del 17 de marzo al 6 de abril, a esto se aúnan los comercios saqueados que no pertenecen a la Asociación.

Cierre de pueblos.- En los estados de Oaxaca, Guerrero, Veracruz, San Luís Potosí, Quintana Roo, Morelos, Nayarit, Estado de México y Michoacán, los pobladores han decidido cerras vías de acceso a municipios o pueblos, obstaculizando el libre tránsito para impedir la entrada de visitantes.

Reparto de despensas.- Grupos delictivos han repartido despensas con personal armado en: Jalisco, Tamaulipas, San Luís Potosí, Guanajuato, Michoacán y Morelos, hasta donde se ha dado a conocer por los medios de comunicación, sin que se sepa de acciones de la autoridad por la portación ilegal de armas.

Restricción al tránsito de personas.- Diversos municipios de Sonora, Santiago Tangamandapio en Michoacán y Ometepec en Guerrero, tomaron la decisión de emprender un "toque de queda" para la población; otros como Cozumel en Quintana Roo, anunciaron medidas de orden similar.

Cada una de estas situaciones tiene su explicación, las hay de orden económico, político, sanitario o delictivo, pero en conjunto lo que denotan es un vacío del poder federal en el país, asimismo, se ha conocido que varios gobernadores cuestionan la falta de apoyo ante la pandemia y adoptan vías alternas para su control.

¿A qué se debe esta situación? si el vacío de poder obedece a: 1. El debilitamiento de la figura de poder; 2. El fortalecimiento relativo de un grupo previamente sometido; 3. Un equilibrio frágil entre distintos grupos en pugna y; 4. La muerte o la desaparición de la figura en el poder, entonces, salvo esta última causa, tendríamos la presencia de las primeras tres.

Sean actores sociales, delictivos o políticos todos con distintas motivaciones, han percibido un vacío de poder que de alguna forma han ocupado con acciones de corte ilegal o desafiante.

El clérigo estadounidense Henry Ward Beecher expresó: "Lo peor en este mundo, después de la anarquía, es el gobierno".

23 de abril de 2020

NARCO ESTADO

El país presenta las características de un Narco Estado según los estudiosos del fenómeno.

El académico Kaplan perfiló cuatro puntos que caracterizan al Narco Estado:

Narcoeconomía.- El tráfico ilícito de drogas se convirtió en el centro de una economía criminal que coexiste y se entrelaza con la economía formal, con la informal no ilícita, cuyos límites son difusos y presentan zonas grises. En México existe un mercado de diversas drogas con producción, acopio, distribución y venta, tanto de sustancias naturales como de diseño; la gente puede comprar los productos del narcotráfico por diversos medios, asimismo, el territorio nacional es usado como de tránsito hacia otros países.

Narcosociedad.- La economía ilícita crea sus estructuras y procesos sociales, transforma los existentes, sobre todo con relación al empresariado, los sectores medios, el campesinado y los trabajadores. Como muestra de la narcosociedad tenemos a campesinos productores, niños "halcones", los "dealers" que venden en centros nocturnos, vendedores en "narcotienditas", sicarios que hacen uso de la violencia, el culto a Malverde y los más vistos: cabecillas de los grupos delictivos, unos detenidos, otros extraditados y algunos protegidos por el poder político local o nacional.

Narcopolítica.- Narcoeconomía y narcosociedad son la base de una esfera política propia del narcotráfico, una narcopolítica con peso e influencia creciente en el mundo político. Los grupos criminales tienden a convertirse en actores políticos, a concentrar y usar su poder para presionar o sobornar a las autoridades y, si sus intereses no son satisfechos, entonces se enfrentan a ellas y a las de la aplicación de la ley.

Dimensión internacional.- El gran tráfico de drogas ilícitas emerge transnacional y va participando cada vez más en la globalización, con ello, ignora fronteras y lesiona la soberanía y la seguridad nacional de los Estados que trastoca. Los grupos criminales mexicanos forman parte de esa cadena transfronteriza en América, Europa y Asia.

El fenómeno del narcotráfico dista mucho de ser algo cuya atención sea sólo de un programa de seguridad pública, pues además de lo comentado anteriormente, ha extendido sus redes delictivas con: vendedores de armas, de precursores químicos, lavadores de dinero, traficantes de personas, grupos terroristas e insurgentes.

El filósofo Mijaíl Bakunin expresó: "Los estados poderosos sólo pueden sostenerse por el crimen. Los estados pequeños sólo son virtuosos porque son débiles".

9 de julio de 2020

LEVANTAMIENTO GUERRILLERO

Emerge un nuevo grupo guerrillero en el país que le declara la guerra al gobierno federal.

No se trata de los conservadores, los "fifís" o la BOA, sino del grupo armado "Ejército Revolucionario Indígena" (ERI), que se ha declarado en guerra desde el estado de Chiapas, por diversos motivos.

https://www.facebook.com/watch/?v=343609476673030&external_log_id=dafc318b-00cb-4d84-b1f1-09165f4ee52c&q=guerrilleros%20de%20los%20altos%20de%20ocosingo

La noticia se perdió en los medios de comunicación ante la filtración de videograbaciones de origen desconocido y declaraciones de presuntos delincuentes, sólo algunos diarios nacionales y locales difundieron en páginas interiores la declaratoria del grupo oriundo de Ocosingo, Chiapas, así como las redes sociales.

Esta guerrilla emitió la "declaratoria de guerra" al gobierno federal si no ordena, entre otras cosas, el retiro de la Guardia Nacional y del Ejército de su territorio. En la "Primera Declaratoria de Guerra del Ejército Revolucionario Indígena", rechazan además el tratado comercial entre México, Estados Unidos y Canadá

(T-MEC), los programas sociales del Ejecutivo Federal y los proyectos de infraestructura.

Con los pocos datos al momento hay más preguntas que certezas:

Origen del ERI.- El Sub Marcos ya dejó su jubilación; se trata de una escisión del EZLN; es un nuevo grupo guerrillero, un montaje o una organización patrocinada con intereses desconocidos; al momento no se sabe cuál es su origen.

Coyuntura política nacional.- En un ambiente de discordia nacional han surgido diversas expresiones: repensar aspectos del federalismo, separarse de la Unión, pedir la renuncia del Ejecutivo Federal y ahora declarar la guerra con tácticas propias de las organizaciones guerrilleras.

Aspectos institucionales.- No se conoce la postura oficial al respecto, no obstante, es pertinente mencionar que el gobierno federal carece de un programa de seguridad nacional que permita dilucidar su visión, así como planteamientos a problemas de tipo guerrillero; en los programas sectoriales de las fuerzas armadas y la seguridad no se tocan temas de esta naturaleza.

En "La casa de los Espíritus" Isabel Allende expresó: "En pocas horas el país se dividió en dos bandos irreconciliables y la división comenzó a extenderse entre todas las familias".

20 de agosto de 2020

ZONA DE GUERRA

El asesinato y el secuestro son el medio violento para incidir en la toma de las decisiones o en el control territorial.

Si de muertes habláramos tenemos que en 2021 no sólo se ha contabilizado a las relacionadas con la pandemia de COVID19, sino también a las que en el marco del proceso electoral se suscitaron y agregaríamos a las muertes por el control del territorio.

Un caso que ejemplifica bien esto último es el de Aguililla, Michoacán, como podrá apreciarse en el reportaje de la cadena qatarí ALJAZEERA.

https://www.youtube.com/watch?v=dBkD9cJXrAw

El recuento de los necrófilos sirve para las diversas estadísticas que permiten vislumbrar la magnitud de los múltiples hechos de sangre; veamos otro punto de vista al respecto.

Seguridad pública.- Los asesinatos o secuestros con motivos políticos se atienden por las autoridades competentes para realizar las investigaciones que pudieran culminar con el esclarecimiento de hechos y la ubicación de presuntos culpables. Tenemos aquí un tema de seguridad publica en el área de investigación y control del delito.

Seguridad interior.- Los gobiernos municipales se ven cuestionados pues las presiones a los actuales gobernantes y a los futuros ganadores de los comicios, mediante la violencia o las amenazas, buscan llegar a negociaciones oficiosas. Se trata de un problema que socava a un gobierno local.

Seguridad nacional.- Cuando un gobierno local pierde el control territorial, el fenómeno trasciende la frontera de la seguridad pública o interior, en virtud de que ha perdido su razón de ser que es el ejercicio de la fuerza legítima en su ámbito de competencia. Se trata entonces de un riesgo que se coloca en la esfera de la seguridad nacional.

El problema de las zonas de guerra delincuenciales, como lo ilustra el caso michoacano, corresponde a un fenómeno que prende los focos rojos de la magnitud de la violencia electoral, cuyo fin no es el homicidio o secuestro del momento, sino lograr el control territorial para realizar actividades delincuenciales que medran con alguna economía ilícita.

El novelista canadiense Steven Galloway expresó en El Confabulista: "La mayoría de los argumentos, y de hecho la mayoría de los conflictos, no tienen nada que ver con el presente. Siempre se tratan del pasado o del futuro".

3 de junio de 2021

EVOLUCIÓN DELINCUENCIAL

Junio de 2021, mes en el que la delincuencia organizada presentó una evolución cualitativa en México.

Con dos sucesos las organizaciones de la delincuencia demostraron que su dinámica avanza a pasos agigantados: incidencia en la jornada electoral y ataques terroristas; ¿acciones de esta naturaleza son inéditas?, veamos.

Narcodemocracia.- Se conocía información de que la delincuencia organizada amenazaba a candidatos a puestos de elección popular, negociaba con ellos o los sobornaba, sin embargo, ahora sucedió un hecho peculiar: la intimidación y privación ilegal de la libertad de ciudadanos que iban a desempeñar una actividad en la jornada electoral, fueron acciones delincuenciales que desarmaron esfuerzos partidarios el día de la votación. Actividades similares utilizó la mafia siciliana en algunos momentos del siglo pasado.

Narcoterrorismo.- El terrorismo delincuencial no es propio de las organizaciones mexicanas, se usó en Colombia en la época de Pablo Escobar y en México en Morelia, Mich., así como en el norte del país en donde también se ha suscitado. Lo particular de las acciones en Reynosa, Tamps., es su modalidad de ataque: violencia armada directa a objetivos no combatientes y en acciones secuenciales, no un sólo hecho violento aprovechando el factor sorpresa.

Comentemos ahora los impactos de estas acciones en el actual momento:

Contexto nacional.- La capacidad de operación de la delincuencia nos demuestra su control del territorio y de las personas, si así lo decide o se lo piden. Se trata aquí de una situación asimétrica, pues los ciudadanos, si es que tuvieran el deseo de pedir auxilio a las autoridades, dicho apoyo vendría después de hechos consumados. Conclusión: incidencia electoral y terrorismo pueden resultar impunes.

Panorama internacional.- Los vecinos del norte han deslizado ideas de calificar a las organizaciones delincuenciales mexicanas como terroristas, advierten a sus ciudadanos de no viajar a ciertas áreas del país e informan a México de sus preocupaciones. Si no se atienden los temas señalados las posturas radicales irán adquiriendo cada vez mayor fuerza y algunos sectores políticos estadounidenses, con eco nacional, las verán como necesarias.

Lo que tienen en común ambas acciones delincuenciales radica en que son medios para lograr fines, o sea, la intimidación electoral y lo muertos de Reynosa no son el objetivo de la acción, sino el medio para alcanzar otros objetivos.

¿Podría darse una acción persuasiva para que en el futuro esto no sucediera?, si, con la detención de presuntos culpables, impartición de justicia y resarcimiento de los daños; esta es una respuesta analítica pues la posibilidad de que lo factual camine por otro sentido aún puede suscitarse.

El político británico Andrew Bonar Law expresó: "No existe la guerra inevitable, si llega, es por fallo del hombre".

24 de junio de 2021

LA NUEVA GUERRA

En México se vive una nueva guerra que es diferente a las popularmente conocidas como guerras contra el narcotráfico.

Seguramente muchos han escuchado las palabras "Guerra contra el Narco", tal vez otros recuerden la frase "Guerra contra las Drogas", pues bien, lo que hoy se vive en el país presenta protagonistas similares, aunque con particularidades diferentes. Veamos algunos comparativos para identificar a la nueva guerra.

Protagonistas.- En las guerras anteriores los actores en conflicto eran las fuerzas gubernamentales de aplicación de la ley versus los narcotraficantes. Hoy los protagonistas de la violencia son los grupos de la delincuencia organizada enfrentándose entre si, sean traficantes de drogas, de personas o de combustibles. Del poder del Estado contra la delincuencia organizada se pasó a la lucha de poder entre los delincuentes.

Uso de la fuerza.- Anteriormente los hechos de armas se suscitaban por buscar aplicar la ley. Actualmente algunas corporaciones policiales no buscan realizar detenciones en donde pudiera suscitarse el uso legítimo de la fuerza. Tal vez el punto de inflexión fue el conocido "Culiacanazo", que significó la derrota frente a los beligerantes. Hoy predominan los enfrentamientos fuera de la ley entre grupos de la delincuencia organizada por el control territorial para ejercer actividades delictivas.

Posicionamiento.- Antes los grupos delictivos buscaban pasar desapercibidos para no ser objeto de las acciones de la justicia; hoy realizan acciones para demostrar su poder bélico, sean demostrativas o dejando cuerpos desmembrados, colgados o cabezas cortadas. Antes no usaban a los medios de comunicación, hoy emplean las tecnologías de la información para hacerse oír.

Legitimidad.- La imagen de "Chucho el Roto" o "Robin Hood" trató de emularse para buscar legitimidad, sin que esto haya cambiado totalmente, hoy aparecen nuevos fenómenos, ahora vemos que los grupos delictivos extorsionan a la población, cobran "derecho de piso", desaparecen personas o las secuestran. Arroparse en el pueblo dejó de ser una prioridad, si es que alguna vez lo fue; hoy el crimen puede expoliar a la gente porque la ley o la justicia se les presenta lejana.

Antaño lograr los objetivos de la política de seguridad nacional o de la política de seguridad pública se erigían como finalidad, hoy propios y extraños debaten una estrategia que aparece huérfana de objetivos; la nueva guerra aún no se alcanza a comprender totalmente.

Malcolm X expresó: "La única cosa que respeta el poder es el poder".

8 de julio de 2021

¿QUIÉN TIENE LA FUERZA?

En diversas partes del país el control del territorio y el uso de la fuerza legal han sido cuestionados.

Hemos atestiguado dos fenómenos singulares: la pandemia y el menoscabo del uso de la fuerza legal; para desgracia una es muy popular y el segundo es más conocido en los medios de la seguridad y la justicia.

Control del territorio.- Aguililla es el más claro ejemplo de lo que el Jefe del Comando Norte de los Estados Unidos de América expresó y aunque no lo señaló públicamente en su reciente vista a México, en la mente de muchos siguen presentes sus afirmaciones.

Este fenómeno ha sido descrito por los medios de comunicación masiva de distinto orden, sin embargo, existen otros problemas silenciosos que día a día se viven, como la extorsión a negocios por un supuesto control del territorio de un grupo delictivo.

Acciones de fuerza.- Sin dejar de lado el ya famoso "Culiacanazo", se supo de que un comando armado liberó de una sede de la Fiscalía General de Justicia del Estado de Tamaulipas en el municipio de Reynosa, al 'Calamardo', considerado un líder del Cártel del Golfo en la región.

El líder de la organización delictiva con radio de operación en la región ribereña, también conocido como "Metro 27", había sido detenido la madrugada de lunes por integrantes del Grupo de Operaciones Especiales de la Secretaría de Seguridad Pública de Tamaulipas e iba a ser presentado ante la autoridad judicial para la audiencia respectiva.

Otros casos también se han suscitado en estos últimos días en Oaxaca y Chiapas, donde elementos de la Guardia Nacional han sido desarmados o detenidos, hechos que no son de la naturaleza de los originados por la delincuencia, pero que aparecen como acciones de violencia contra fuerzas del orden.

Se debe agregar que las acciones de fuerza citadas se presentan como asuntos de seguridad nacional, pues el brazo ejecutor de la persecución del delito no pudo ejercer su función. Algunas de estas acciones derivan también en temas de seguridad pública.

El control del territorio por grupos delictivos es un asunto de Estado, pues representa la pérdida del ejercicio de la fuerza por una autoridad legítimamente constituida, por lo tanto, es un asunto de seguridad interior que deriva en la seguridad nacional.

De la forma en cómo se perciban los asuntos anteriores dependería el uso de los medios del Estado, ejemplo: si sólo son vistos como temas de seguridad pública correspondería a las policías locales atenderlos y podrían tener el apoyo de fuerzas federales.

Por otro lado, si son vistos como asuntos de seguridad nacional se operaría a la inversa, corresponde a las dependencias federales competentes atenderlos y podrían tener apoyo de las fuerzas policiales locales.

Edgar Allan Poe expresó: "Porque la tortuga tiene los pies seguros, ¿es ésta una razón para cortar las alas al águila?"

15 de julio de 2021

TERRORISMO EN MÉXICO

Los acontecimientos de Salamanca bien pueden calificarse como una acción de corte terrorista.

Nos hemos enterado por diversos medios de comunicación que un paquete con explosivos mató a dos personas en Salamanca, Guanajuato, mismo que habría sido entregado como un regalo de cumpleaños. De acuerdo con las primeras indagaciones las víctimas eran socios en el restaurante-bar "Barra 1604" y celebraban el cumpleaños de uno de ellos.

Los hechos ocurrieron alrededor de las 17:14 horas, del 19 de septiembre, cuando dos hombres que viajaban en una motocicleta entregaron el paquete el cual detonó al abrirse, matando a los dos hombres e hiriendo al menos a otras cuatro personas.

https://www.youtube.com/watch?v=S7ZySOPV-cE

Se presentan dos definiciones de terrorismo para enmarcar la situación sucedida en Salamanca:

Por el hecho.- Violencia premeditada contra objetivos no combatientes, ejecutada por agentes clandestinos o no, con el propósito de generar terror e influir en una audiencia para obtener determinados fines.

Por el grupo.- Terrorismo con motivaciones ideológicas que incluye causas religiosas; terrorismo delictivo ejecutado por grupos con motivos delincuenciales; de Estado cuando son los agentes estatales los que ejecutan los actos violentos y; terrorismo psicológico cuando una persona por razones de disfuncionalidad mental comente un acto que genera terror.

Con cualquiera de las dos definiciones anteriores se puede ubicar a los hechos descritos anteriormente como una acción de corte terrorista. Con la primera definición es de esperarse que las indagaciones o mensajes posteriores den a conocer los fines del acto de terror. Por la segunda, una línea de investigación indagaría si los hechos de Salamanca se calificarían como terrorismo delictivo.

Estamos ante un asunto de Estado pues la Ley de Seguridad Nacional nos dice: "Artículo 5.- Para los efectos de la presente Ley, son amenazas a la Seguridad Nacional: I. Actos tendentes a consumar espionaje, sabotaje, terrorismo, rebelión, traición a la patria, genocidio, en contra de los Estados Unidos Mexicanos dentro del territorio nacional".

Mahatma Gandhi expresó: "Lo que se obtiene con violencia, solamente se puede mantener con violencia".

20 de septiembre de 2021

PUEBLOS UNIDOS

De nuevo en Michoacán resurgen las autodefensas, un fenómeno legítimo pero ilegal.

Un grupo de civiles armados autodenominado Pueblos Unidos avanzó al municipio de Ziracuaretiro, con el propósito de extender su influencia en zonas del centro de la entidad federativa.

Los miembros de este grupo portaban fusiles AK-47, rifles AR-15 y pistolas de diversos calibres.

Según las propias afirmaciones de quienes comandan a este grupo surgido en Ario de Rosales, buscan blindar todos los municipios colindantes donde se produce aguacate y donde los productores de este fruto padecen las extorsiones de la delincuencia organizada.

Aproximadamente 300 hombres armados con armas de grueso calibre y rifles de alto poder recorrieron brechas y caminos vecinales desde Ario de Rosales hasta Ziracuaretiro para declarar este municipio "libre de crimen organizado".

Es pertinente recordar que Pueblos Unidos surgió para expulsar a los delincuentes de Ario de Rósales, Salvador Escalante, Nuevo Urecho y Taretan.

https://www.youtube.com/watch?v=CSH2Ja0p9XM

Actualmente este grupo es integrado por los propietarios de huertas de aguacate, mango y guayaba; además de Ziracuaretiro, ya tienen influencia en otros municipios como Pátzcuaro, Acuitzio y Quiroga, según sus declaraciones.

Al igual que en anteriores momentos, las autodefensas surgen por la ausencia de las fuerzas de la ley, con el argumento de que no se ve su actuación para controlar a la delincuencia organizada.

Las razones pueden ser legítimas, sin embargo, la respuesta es ilegal pues se configuran diversos delitos del fuero federal, como lo muestran las imágenes públicas en diversos medios de comunicación.

Las autoridades federales encargadas de la seguridad están obligadas a llevar a la justicia a la delincuencia organizada y a neutralizar a las autodefensas.

El político español Enrique Tierno Galván expresó: "El poder es como un explosivo: o se maneja con cuidado, o estalla".

11 de noviembre de 2021

DESAFÍOS A LA SEGURIDAD

Han surgido nuevos fenómenos criminales que trastocan la seguridad nacional de México.

Vivimos tiempos inéditos por las condiciones de la seguridad en el país; elaboremos un recuento de los fenómenos que atañen al tema y otros directamente relacionados.

Liberación de reos.- Un comando armado abordo de una tanqueta burló las medidas de seguridad del penal de Tula, Hidalgo, desató un tiroteo y amagó a los custodios para liberar a algunos reos. Dos vehículos fueron detonados cerca del hospital regional Tula-Tepeji y uno más incendiado en la colonia El Llano, cerca de las inmediaciones del penal; se trató de maniobras distractoras e intimidatorias.

Atentados.- Un paquete con explosivos mató a dos personas en Salamanca, Guanajuato, mismo que habría sido entregado como un regalo de cumpleaños. Las víctimas eran socios en el restaurante-bar "Barra 1604" y celebraban el cumpleaños de uno de ellos. Los hechos ocurrieron el 19 de septiembre, cuando dos hombres que viajaban en una motocicleta entregaron el paquete que detonó al abrirse, matando a los dos hombres e hiriendo a otras cuatro personas. Meses antes el Secretario de Seguridad de la capital del país sufrió un atentado cuando circulaba en su automóvil.

Territorios ocupados.- Han surgido nuevos grupos de las llamadas autodefensas en municipios de Michoacán: Ziracuaretiro, Pátzcuaro, Acuitzio y Quiroga. Lo mismo sucede en otras partes del país donde operan esos grupos armados de manera ilegal.

Municipios sin fuerzas de seguridad.- Nueve municipios de Zacatecas carecen de fuerzas de aplicación de la ley: Apulco, Loreto, Monte Escobedo, Cuauhtémoc, Mazapil, Tepetongo, Villa García, Vila Hidalgo y Melchor Ocampo, debido a la presencia de los delincuentes organizados.

Abdicación del uso de la fuerza legal.- En Sinaloa las fuerzas de seguridad federales dejaron libre a un presunto delincuente líder de un grupo de la delincuencia organizada, porque amenazó con un enfrentamiento contra el ejército y una zona habitacional militar.

Todos estos temas no son asuntos estrictamente de seguridad pública sino de seguridad nacional, por lo que las autoridades federales deben atenderlos, derivado de lo establecido los artículos tercero y quinto de la Ley de Seguridad Nacional.

El escritor inglés Sir Terry Pratchett expresó: "El caos se encuentra en mayor abundancia cuando se busca el orden. El caos siempre derrota al orden porque está mejor organizado."

2 de diciembre de 2021

MILITARES REHENES

Obstaculizar las acciones de las fuerzas armadas contra de la delincuencia organizada es una violación a las normas de la seguridad nacional en México.

Quechultenango, en el estado de Guerrero, se ubica en una región en la que opera el grupo delincuencial autodenominado "Los Ardillos" responsable de la violencia en esa zona en los últimos tiempos. En días pasados sucedieron varias ejecuciones, entre ellas la de un miembro de la Unión de Pueblos y Organizaciones del Estado de Guerrero y de la Coordinadora Estatal de Trabajadores de la Educación en la entidad.

En este contexto elementos del ejército mexicano, policías ministeriales y periodistas fueron retenidos por pobladores de Quechultenango, durante un tiempo aproximado de cinco horas. https://www.youtube.com/watch?v=ezLWftQh4H8

El Secretario de Seguridad Pública de la entidad negoció con los habitantes de ese municipio que retuvieron a unos 30 soldados del ejército mexicano y a 10 policías ministeriales que realizaban un operativo en la región, así como a 20 reporteros que practicaban su labor.

Hasta donde se sabe se firmó una minuta de acuerdos con los pobladores en la que las autoridades se comprometieron a liberar viamente y no se observó reacción de fuerzas del orden locales o federales para disuadirlos y; en la Ciudad de México no se tiene la presencia de corporaciones de seguridad pública que resguarden estaciones del Metrobus o las oficinas de gobierno.

En este tipo de hechos delictivos y contra el orden público, por una parte, se denota poca capacidad de prevención y disuasión y por otra, no existe respuesta institucional suficiente a la demanda social.

Ante ello, se requieren acciones coordinadas entre instituciones gubernamentales competentes en la materia, con el propósito de que no se genere la percepción de ingobernabilidad.

Aristóteles expresó: "Todos los gobiernos mueren por la exageración de su principio".

12 de septiembre de 2019

ESTADO INDEFENSO

La emboscada de Aguililla un atentado contra el Estado, no es un asunto de seguridad púbica o sólo de violencia "normal" en México.

Nuestra Constitución a la letra dice en el Artículo 40. "Es voluntad del pueblo mexicano constituirse en una República representativa, democrática, laica y federal, compuesta por Estados libres y soberanos en todo lo concerniente a su régimen interior, y por la Ciudad de México, unidos en una federación establecida según los principios de esta ley fundamental".

Por otra parte, en el artículo 21 se inscribe: "… La seguridad pública es una función del Estado a cargo de la Federación, las entidades federativas y los Municipios, cuyos fines son salvaguardar la vida, las libertades, la integridad y el patrimonio de las personas, así como contribuir a la generación y preservación del orden público y la paz social, de conformidad con lo previsto en esta Constitución y las leyes en la materia".

Por lo tanto, si los elementos de una corporación local que

a una persona que fue detenida hace unos días por portar un arma de fuego, lo que se constituye en una violación flagrante de la legalidad.

Es conveniente recordar que la Ley de Seguridad Nacional establece en el Artículo 5.- Para los efectos de la presente Ley, son amenazas a la Seguridad Nacional: fracción III. Actos que impidan a las autoridades actuar contra la delincuencia organizada; fracción V. Actos tendentes a obstaculizar o bloquear operaciones militares o navales contra la delincuencia organizada. Adicionalmente, tratándose de civiles, como es el caso de los reporteros, se cometió una privación de la libertad.

Los rehenes fueron liberados y por lo menos el saldo fue: la demostración de que se puede negociar la aplicación de la ley, un ejemplo para otras regiones del país que tengan condiciones similares, la obstrucción de las funciones de la autoridad sin que haya una sanción y una prueba más de la impunidad que prevalece en muchas partes del país.

El filósofo alemán Walter Benjamín expresó: "Pues el poder que conserva el derecho es el que amenaza".

17 de febrero de 2022

EL CANTO DE LA GUACAMAYA

Nuestro país carece de salvaguardias suficientes para neutralizar las amenazas híbridas.

Se conoce como amenazas híbridas a la mezcla de ataques convencionales y no convencionales para desestabilizar un país. Las convencionales son de carácter militar y las no convencionales incluyen: ciberataques, terrorismo, presión política o económica, campañas de desinformación o de propaganda.

Estas amenazas buscan dañar el sostén de un Estado, la confianza en sus instituciones públicas, la estabilidad económica y la cohesión social. Los ataques híbridos pueden ser cometidos por gobiernos, actores no estatales, organizaciones terroristas o movimientos populares.

En el ámbito de la ciberseguridad se conocen de los ataques siguientes: ransomware donde se encriptan los datos de una organización y piden un pago para restaurar el acceso; cryptojacking cuando se utiliza un dispositivo electrónico sin el consentimiento del usuario para generar criptomonedas; amenazas contra los datos como violaciones o filtraciones y; amenazas no maliciosas como errores humanos y desconfiguración del sistema.

También se emplea el malware que es un software de acciones dañinas en un sistema informático sin el conocimiento del usuario; desinformación/información errónea o engañosa; amenazas contra la disponibilidad y la integridad de la información; amenazas relacionadas con el correo electrónico para manipular a las personas para que sean víctimas de un ataque por correo electrónico y; amenazas a la cadena de suministro como ataques a un proveedor de servicios para acceder a los datos de un cliente.

La obtención de información por el grupo denominado Guacamaya pone en evidencia al menos las situaciones siguientes:

Programas gubernamentales.- México no cuenta con un Programa de Seguridad Nacional, lo que existe es un Programa Sectorial de Defensa Nacional 2020 – 2024 que en su Estrategia prioritaria 5.6. considera: "Fortalecer las capacidades del Centro de Operaciones del Ciberespacio en contra de incidentes de ciberseguridad hacia la infraestructura crítica de la Secretaría de la Defensa Nacional".

Vulnerabilidades.- Al no existir un programa de seguridad nacional por lo tanto no hay acciones ni recursos para el tema, con lo que el Estado mexicano y sus instituciones públicas son vulnerables. Se tiene el antecedente de que diversas dependencias públicas han sido víctimas de ataques cibernéticos; la novedad no estriba en que existan, pues diariamente hay intentos, lo que resulta novedoso es que la amenaza híbrida del Grupo Guacamaya se concretó.

Impacto.- México ha perdido una batalla en el mundo virtual lo que implicará control de daños y si existe visión para entender lo acontecido se podrán tomar acciones para prevenir en lo futuro.

El escritor español Ramón J. Sénder expresó: "La conciencia del peligro es ya la mitad de la seguridad y de la salvación".

6 de octubre de 2022

NARCOPOLÍTICA

De las categorías que identifican al narcoestado la dimensión política es una de ellas.

Marcos Kaplan ilustró la relación narcotráfico – Estado con las dimensiones de: narcoeconomía, narcosociedad, narcopolítica y sus impactos internacionales. Si seguimos su esquema, la participación de la delincuencia organizada en las elecciones se inscribiría como una forma de la narcopolítica de un país.

Por su parte, Paul Rexton Kan nos dice que los narcoestados se dividen en cinco categorías: incipiente, en desarrollo, serio, crítico y avanzado, según su nivel de dependencia del comercio de narcóticos y la amenaza que el narcotráfico representa para la estabilidad nacional e internacional.

Independientemente de que en nuestro país se producen drogas ilícitas, se trafica, se les consume y de que existe una sociedad que de ello vive, veamos algunos puntos de la dimensión política.

Elecciones.- En diversas entidades federativas los narcotraficantes han llevado a cabo acciones de intimidación y delictivas durante los procesos electorales, el pago por votos a los electores y ello no han sido sometido a la justicia; podemos incluir aquí a la delincuencia común que también obtiene un saldo favorable.

Violencia.- En el proceso electoral de 2021 los delitos que sufrieron los candidatos a puestos de elección popular fueron: homicidio, amenazas y secuestro; también este fenómeno se extendió a su personal de apoyo.

Uso político.- En nuestro país se relaciona el caso García Luna con asuntos de orden político. Algunos interpretaron que las recientes movilizaciones ciudadanas en México y otras partes del mundo eran para defenderlo y otros de manera socarrona las bautizaron con el mote de "narcomarchas".

Podemos enlistar más ejemplos de la presencia del submundo narco en la política nacional, pero simplemente estos casos enunciados muestran una imagen del país más cercana a la ilegalidad que a lo contrario.

¿Estamos en una situación seria, crítica o avanzada? Ustedes tienen la mejor opinión.

Steve Murphy expresó: "Cuando Escobar piensa que la pluma es más poderosa que la espada, sabes que lo cabreas".

2 de marzo de 2023

LA SOLUCIÓN FINAL

México ha sido tierra fértil para el tráfico ilícito de migrantes, un delito propio de la delincuencia organizada transnacional.

El tráfico ilícito de humanos es un problema global que afecta a muchos países, pues los grupos delictivos lucran con las personas entre continentes. Evaluar la dimensión de este delito es difícil debido a su clandestinidad, a la dificultad para determinar cuándo la migración irregular es facilitada por traficantes, además que la "paga del servicio" a los traficantes no es denunciada.

El tráfico ilícito de migrantes presenta al menos dos formas: los migrantes de medios económicos escasos pagan por los tramos del viaje a traficantes que pueden no estar vinculados entre sí y corren mayores riesgos y; los de más recursos tienen mayor garantía de llegar a su destino, pero el pago al traficante siempre es más alto porque "presta todo el servicio".

Hemos tenido muchos casos que muestran la realidad de los tratantes de aspiraciones migratorias, los hay "exitosos" porque los han llevado a su destino a cambio de un pago, los hay trágicos porque culminan en desapariciones u homicidios; San Fernando y

Camargo, Tamaulipas y, el tráiler en Tuxtla Gutiérrez son algunos ejemplos.

Los hechos de Ciudad Juárez semejan a "La Solución Final" ejecutada para desparecer situaciones problemáticas, sea por omisión o comisión. Si fuera un primer caso bastaría procesar jurídicamente el hecho, sin embargo, ya no es así. El riesgo que corren los migrantes radica no sólo en los "servicios" de los traficantes, sino que también sufren los embates de las autoridades de diverso tipo.

Acuerdos con los Estados Unidos de América ayudan cuando cada quién hace su parte; tengamos presente que la entrada ilegal de migrantes no está exenta de la operación de la delincuencia organizada, que los introduce a México y al vecino país del norte cuando no cumplen los requisitos de internación de ambos países. ¿Cómo es que llegan a Centroamérica y de ahí a México migrantes de origen caribeño, africano y hasta asiático?, es muy difícil que lleguen a nado; veamos.

Seguridad nacional.- Cuando la operación de los delincuentes internacionales que trafican con humanos trae personas a nuestro territorio, se demuestra incapacidad para controlar a esos delincuentes y a los migrantes que les pagan.

Seguridad a migrantes.- No ser omiso con el derecho de los migrantes legales a su seguridad jurídica y física en su paso por el territorio nacional, implica neutralizar la operación de traficantes de humanos que lucran con ellos.

Responsabilidades.- Dejar de lado las responsabilidades que sobre el tráfico de migrantes tienen las Secretarías de: Marina, Defensa Nacional, Gobernación, Relaciones Exteriores, Seguridad y Protección Ciudadana, así como el apoyo de los gobiernos locales, continuará generando problemas al país.

INTERPOL.- Esta organización recomienda: realizar operaciones para desmantelar las redes delictivas del tráfico ilícito de migrantes y delitos relacionados, formar funcionarios policiales especializados de primera línea y promover la investigación conjunta en casos internacionales complejos.

Hanna Arendt expresó: "La triste verdad es que la mayoría de los males son cometidos por personas que nunca deciden ser buenos o malos".

30 de marzo de 2023

LA INVASIÓN MIGRANTE

La historia nos dice que las naciones se han protegido de gente que no son parte de ellas.

La muralla China.- En el siglo VI a. C. varios reinos se comprometieron a la construcción de paredes para protegerse de sus vecinos y de pueblos extranjeros; en el año 1368 se dice que fue su última gran reestructuración.

El Muro de Adriano.- Es una antigua fortificación defensiva de la provincia romana de Britania iniciada en el año 122 durante el reinado del emperador para separar a los romanos de los "bárbaros".

Una medida conocida como título 42 pronto expirará y el gobierno de EE. UU. no podrá expulsar automáticamente a los migrantes indocumentados, por lo que el Departamento de Defensa informó que enviará mil 500 soldados a la frontera sur de su país ante la esperada llegada de migrantes.

Los refuerzos se unirán a los dos mil 500 miembros de la Guardia Nacional ya desplegados en la frontera en apoyo al trabajo de los agentes fronterizos. Los militares adicionales se mantendrán en la frontera por 90 días, con el objetivo de complementar el trabajo de los agentes de la Patrulla Fronteriza y, también se dijo que los soldados adicionales van a cubrir "vacíos críticos de capacidad".

El despliegue tiene como propósito principal calmar la creciente presión sobre los agentes fronterizos, mientras se preparan para un aumento en la cantidad de migrantes en la frontera con nuestro país. Esas medidas hacen las veces del muro que pretendió construir el expresidente de los Estados Unidos.

Se preguntarán si un gobierno debe proteger a su país de los migrantes que desean entrar de forma ilegal, la respuesta es sí, aunque también surgen otras interrogantes, por ejemplo: ¿qué hacen los países expulsores de migrantes para evitar el fenómeno? ¿los nacionales de un país pueden pedir a su gobierno que no entren migrantes ilegales?

Las preguntas no sólo tocan el tema migratorio, también las hay de seguridad: ¿qué rol juegan los delincuentes que practican el tráfico de migrantes? ¿por qué medios llegan a nuestro continente los migrantes? ¿los medios que usan los migrantes son legales? ¿los gobiernos tienes una política integral contra los delincuentes que trafican con migrantes?

Un fenómeno complejo por naturaleza no puede resolverse por una sola parte, requiere de la colaboración de otros actores, entre ellos los gobiernos nacionales y locales. Lo que mueve todo esto es la seguridad nacional de cada país afectado por el problema.

El escritor español Gonzalo Torrente Ballester expresó: "El poder más peligroso es el del que manda, pero no gobierna."

4 de mayo de 2023

FRONTERA INHÓSPITA

La frontera con Estados Unidos de América presenta complicaciones particulares y comunes.

La historia nos habla de un caudal de asuntos problemáticos con el vecino país, pero actualmente en México se presentan aquellos compartidos y los propios. Hagamos un recuento y una reflexión.

Tráficos ilícitos.- Problemas con acciones comunes y propias por parte de las autoridades de ambos países, son los migrantes que pagan a traficantes de humanos, el tráfico de armas y drogas que son introducidas por una frontera porosa, el tráfico de precursores químicos, el lavado de dinero, el narcomenudeo, los asaltos, violaciones y homicidios. También los incendios que no se sofocan como el de la estación migratoria en Ciudad Juárez que terminó en muertes.

Homicidios.- Cuando una camioneta con cuatro personas a bordo cruzó la frontera desde Brownsville a Matamoros, los halcones encargados de vigilar la zona fronteriza notificaron a sus jefes de la presencia del vehículo. Los pistoleros abrieron fuego, murió una mujer mexicana que se encontraba a más de una cuadra de distancia impactada por una bala perdida; inmediatamente después los ocupantes del vehículo fueron secuestrados, los cuatro ciudadanos estadounidenses fueron emboscados y secuestrados a punta de pistola, dos resultaron muertos, uno salió ileso y uno herido.

Ejecuciones.- Una contrariedad específica fue revelada en la grabación de una cámara de videovigilancia cuando varios elementos de la Secretaría de la Defensa Nacional habrían ejecutado a cinco civiles armados en Nuevo Laredo, Tamaulipas. La videograbación fue captada el 18 de mayo de 2023 sobre la avenida Prolongación Monterrey, en la parte trasera de una tienda de autoservicio de la colonia Las Encinas a las 14:36 horas. Anteriormente, el domingo 26 de febrero, cinco de siete jóvenes que viajaban de madrugada en una camioneta también en Nuevo Laredo, murieron después de que efectivos del ejército dispararan contra ellos.

Estas situaciones de inseguridad relacionadas son sólo una muestra de los muchas que suceden actualmente en la frontera de México con los Estados Unidos de América.

Ante los acontecimientos surge la reflexión sobre los recursos de diverso orden que se destinan a la seguridad nacional y a la seguridad pública en nuestro país, especialmente en las fronteras, una que se comparte con un país miembro de la OTAN, otra con un país de la comunidad británica de naciones y la frontera con Guatemala.

El escritor Max Aub expresó: "La inseguridad es maestra de todo. Ya nadie está a cubierto. Nada es seguro. Ya nadie está a salvo. Nadie ve más allá de sus narices. El mañana no es día, sino noche sin fin".

8 de junio de 2023

LA SEGURIDAD ABDICADA

Algunas autoridades mexicanas han abdicado de la función de garantizar la seguridad pública.

A la caída de los reinos europeos la concepción y formación del Estado moderno ubicó a la seguridad como una función consustancial, Max Weber incluso colocó al ejercicio legítimo de la fuerza como el eje rector estatal. Actualmente, los países capitalistas, exsocialistas o socialistas, mantienen esa condición bajo diferentes modalidades para su ejercicio.

¿Qué sucede con la seguridad pública de nuestro país en nuestros días? Veamos tres casos.

Tijuana.- La alcaldesa de Tijuana hizo público que, debido a las amenazas que ha recibido en su contra de una manera constante, se iría a vivir a un cuartel militar. Esta decisión seguramente tuvo que ser consensada y avalada previamente, pues no cualquier persona puede hacer eso en este país. Como alcalde tiene la responsabilidad de atender la seguridad en su municipio, entre otras funciones, ha empezado por ella misma.

Reynosa.- Una regidora del Ayuntamiento fue detenida por agentes de la Patrulla Fronteriza del estado de Texas, mientras transportaba aproximadamente 45 kilos de cocaína en el vehículo que se trasladaba. No es el primer caso de que un funcionario público cometa un delito, lo sorprendente del hecho es que una instancia del gobierno municipal esté asociada al tráfico ilícito de drogas, en vez de atender la seguridad pública.

Sinaloa.- El gobernador del estado pidió a los productores de maíz que "reflexionen" sobre el boicot y mejor tomen las instalaciones de las empresas GRUMA, CRAGIL y MINSA. Esta afirmación puede catalogarse como incitación al delito pues la toma de inmuebles privados no es legal; cualquiera puede decir cosas de esta naturaleza, aquí lo sorprendente es que la exprese quien tiene que velar por la seguridad pública en la entidad que gobierna.

La situación de la seguridad en el país cada vez se deteriora más y los hechos descritos anteriormente no contribuyen a revertirla, por el contrario, son parte ya de la escalada delictiva que se vive en muchas partes del país.

Eduardo Galeano expresó: "El código moral del fin del milenio no condena la injusticia, sino el fracaso".

15 de junio de 2023

ATENTADOS

Los últimos hechos violentos en el país muestran las tácticas terroristas de los delincuentes.

En este espacio hemos comentado algunas nociones sobre el terrorismo:

Por el hecho.– Violencia premeditada contra objetivos no combatientes, ejecutada por agentes clandestinos o no, con el propósito de generar terror e influir en una audiencia para obtener determinados fines.

Por el grupo.– Terrorismo con motivaciones ideológicas que incluye causas religiosas; terrorismo delictivo ejecutado por grupos con motivos delincuenciales; de Estado cuando son los agentes estatales los que ejecutan los actos violentos y; terrorismo psicológico cuando una persona por razones de disfuncionalidad mental comente un acto que genera terror.

Recientemente personal de la Fiscalía de Jalisco y de la policía sufrieron un ataque con siete explosivos en Tlajomulco, municipio de Jalisco, después de arriesgarse por un camino de tierra para analizar un reporte sobre una fosa clandestina.

Los fallecidos eran trabajadores de la Fiscalía, de la policía municipal y civiles, además de diversos heridos, esto sucede después de que en junio las autoridades desplegaron un operativo especial para contener la violencia en el municipio, que acumula el mayor número de fosas clandestinas encontradas. Anteriormente, se supo de la explosión de un carro bomba en Guanajuato que mató a elementos de la Guardia Nacional.

Cualquiera de las dos nociones anteriores permite ubicar los hechos descritos como acciones de corte terrorista. Con la primera definición es de esperarse que las indagaciones o mensajes posteriores puedan dar a conocer los fines del acto de terror. Con la segunda, una línea de investigación podría indagar si los hechos de Jalisco y Guanajuato se considerarían terrorismo delictivo. ¿Ustedes que opinan?

Algunos datos oficiales nos indican que entre diciembre de 2018 y febrero de 2022 hubo 288 ataques, un incremento de 223 por ciento respecto del sexenio anterior, en las agresiones se usaron mil 342 artefactos explosivos.

Este tema es un asunto de Estado pues la Ley de Seguridad Nacional nos dice: "Artículo 5.- Para los efectos de la presente Ley, son amenazas a la Seguridad Nacional: I. Actos tendentes a consumar espionaje, sabotaje, terrorismo, rebelión, traición a la patria, genocidio, en contra de los Estados Unidos Mexicanos dentro del territorio nacional".

Umberto Eco expresó: "El fin del terrorismo no es solamente matar ciegamente, sino lanzar un mensaje para desestabilizar al enemigo".

13 de julio de 2023

LA DERROTA DEL ESTADO

El monopolio de la fuerza legítima en nuestro país está siendo cuestionado.

En el texto *La Política como Vocación* Max Weber escribió: "Estado es aquella comunidad humana que, dentro de un determinado territorio (el "territorio" es elemento distintivo), reclama (con éxito) para sí el monopolio de la violencia física legítima. Lo específico de nuestro tiempo es que a todas las demás asociaciones e individuos sólo se les concede el derecho a la violencia física en la medida en que el Estado lo permite. El Estado es la única fuente del 'derecho' a la violencia."

Esta idea da entrada a relacionar tres manifestaciones sobre el tema de la delincuencia organizada, dos expuestas por autoridades americanas y otra por mexicanas, veamos.

Control territorial.- En marzo de 2021 el general Glen Van-Herk, jefe del Comando Norte de Estados Unidos de América aseguró: "Narcotráfico, migración, tráfico humano, todos son síntomas de las organizaciones criminales transnacionales que operan con regularidad en áreas sin gobierno, del 30 porciento al 35 porciento de México, y es lo que está creando algunas de las cosas que enfrentamos en la frontera".

Fuerza delincuencial.- Entre el Cartel de Jalisco Nueva Generación y el Cartel de Sinaloa suman más de 45 mil efectivos repartidos entre más de 100 países alrededor del globo terráqueo, una especie de empresa multinacional que opera exitosamente a la sombra del sistema, según Annie Milgram, jefa de la DEA, que aseguró en julio 2023 que México produce "en masa" el fentanilo, la droga sintética que provoca más sobredosis en su país y que el "único límite" de los carteles a su producción son la falta de precursores químicos que llegan desde China.

"Derecho de piso".- En julio de 2023 la Directora General Adjunta de Censos Económico y Agropecuarios del INEGI, Susana Pérez Cadena, durante la presentación de resultados del Censo Agropecuario 2022, confirmó que el control territorial del crimen organizado fue un obstáculo que tuvo que enfrentar el personal del Instituto para realizarlo: "En algunos casos pagar para entrar, pagar a lo mejor cifras pequeñas, pero pagar para entrar, hasta contratar personal de la zona que conozca muy bien a la gente de la localidad o de la zona que se está censando y que además sea conocida de esa gente, de quienes pudieran estar incurriendo en cuestiones de delincuencia", reveló la funcionaria.

Si un particular se ve forzado a pagarle a la delincuencia se trata de un asunto delictivo, si quien lo hace es una instancia de gobierno el problema es de seguridad nacional al no controlar el territorio, pues no se trata sólo de ejercer la fuerza legitima sino de gobernar, por lo que lo descrito anteriormente muestra como se ha abdicado de la función de control territorial en algunas zonas del país.

Lord Byron expresó: "Apenas son suficientes mil años para formar un Estado; pero puede bastar una hora para reducirlo a polvo".

3 de agosto de 2023

NARCOELECCIONES 2024

Se camina por el sendero que lleva al Estado mafioso.

En los reinos se legitimaba al poder político por dios y se transmitía vía el linaje, una forma de gobierno estable que duró varios siglos en muchas partes del mundo, ¿quién se atrevería a cuestionar el designio divino?; aún quedan vestigios de esta forma de gobierno.

La fuerza es otra forma de obtener el poder en un país y se conserva por medio de las armas, sea que se mantenga el poder político por la aplicación de la fuerza por una autoridad legalmente constituida o no.

En la época moderna y contemporánea apreciamos que el poder político es legitimado por la voluntad de los ciudadanos de una determinada nación; esta modalidad conocida como República ha sido una forma de gobierno que presenta muchas variantes dependiendo de que la parte del mundo a que nos refiramos.

Marcos Kaplan en su texto *El Estado Latinoamericano y el Narcotráfico* define lo que es la narcoeconomía, narcosociedad y narcopolítica, por lo que la participación de la delincuencia organizada en las elecciones se inscribiría como una forma de la narcopolítica. En Italia la Cosa Nostra compraba votos: el apoyo de un candidato por un capo podía ser suficiente para que sus clientes, familiares y socios, votaran por ese candidato; un caso más, en Colombia Pablo Escobar fue Diputado.

En breve habrá elecciones federales y locales por lo que corresponde a las autoridades que integran el gabinete de seguridad nacional atender el tema con acciones de prevención y control para evitar que los delincuentes se inmiscuyan en los procesos electorales. Cada dependencia conforme a sus atribuciones tiene una responsabilidad en el asunto, algunas en el ámbito preventivo o en el control del delito, otras en inteligencia y también en la procuración de justicia.

Se trata de un asunto de seguridad nacional pues la Ley de Seguridad Nacional en el artículo 3 se establece: "Para efectos de esta Ley, por Seguridad Nacional se entienden las acciones destinadas de manera inmediata y directa a mantener la integridad, estabilidad y permanencia del Estado Mexicano, que conlleven a: ... III. El mantenimiento del orden constitucional y el fortalecimiento de las instituciones democráticas de gobierno; ... VI. La preservación de la democracia, fundada en el desarrollo económico social y político del país y sus habitantes."

Existen evidencias de la incursión de la delincuencia organizada en los procesos electorales, porque si ya controlan el territorio luego buscan apoyar a los candidatos para pedirles favores cuando ganen o influir en la designación de puestos administrativos, con lo que culmina la conformación del narcoestado.

¿El riesgo a futuro?, que la delincuencia organizada de un salto cualitativo y defina a los candidatos ganadores para que desde los gobiernos se dirijan las diferentes actividades delictivas, lo que ya no sería un narcoestado, sino un Estado mafioso.

Lord Byron expresó: "Apenas son suficientes mil años para formar un Estado; pero puede bastar una hora para reducirlo a polvo".

1 de febrero de 2024

GUERRA EN GUERRERO

La ausencia del gobierno en materia de seguridad la vemos en el Estado Libre y Soberano de Guerrero.

Después de reunirse con el Papa, los Obispos guerrerenses intentaron negociar una tregua entre los narcos con ciertos avances para Chilpancingo. No existe en Guerrero un conflicto convencional, sino delitos no puestos ante la justicia.

La omisión del gobierno para frenar la violencia dio pie a que los cuatro obispos de las distintas diócesis dialogaran por separado con los jefes de las organizaciones criminales, quienes rechazaron una tregua por diversas razones.

Esto demuestra que en la Iglesia hay preocupación de que la violencia derivada de la guerra entre grupos criminales se extienda hasta las próximas elecciones.

¿Qué se puede comentar al respecto?, veamos:

Violencia: la guerra entre la delincuencia organizada es la consecuencia del control territorial para medrar con las actividades criminales, esta situación se plasma en la comisión de diversos delitos del fuero común y federal, cuya lógica es obtener ganancias económicas producto del delito.

Mediación: la Cruz Roja o la Iglesia han sido mediadoras en diversos conflictos armados, como en el caso de Chiapas ya conocido, lo que sí es nuevo es que sea en estas condiciones ante el reconocimiento de la delincuencia organizada como interlocutor válido y por lo tanto, se deja de perseguirla para procurar e impartir justicia.

Estado fallido: cuando un gobierno es incapaz de controlar los delitos por omisión, complicidad o ineptitud, el resultado es la impunidad y por lo tanto la incapacidad de mantener la vigencia del Estado Constitucional de Derecho. Rumbo al Estado Fallido otros actores políticos entran en acción como en este caso.

Aunque este episodio no ha concluido, las consecuencias son evidentes 1.- Vacío de poder, 2.- Irrupción de actores políticos y 3.- Reconocimiento de criminales como interlocutores.

El venezolano francisco de Miranda expresó: "Entre las diversas maneras de matar la libertad, no hay ninguna más homicida para la república que la impunidad del crimen o la proscripción de la virtud."

15 de febrero de 2024

2.6. Descomposición social

SUBCULTURA "HUACHICOLERA"

Ganan espacios en México las manifestaciones sociales de quienes de dedican al robo de combustible.

Los traficantes de drogas ilícitas con el tiempo fueron construyendo sus propias manifestaciones cotidianas como: los corridos, las historias, libros, estereotipos, parafernalia, películas y hasta su propio "santo" como Malverde.

De igual forma, el traficante de hidrocarburos camina por ese sentido, el propio uso de la palabra "huachicol" en los medios de comunicación y con ello de manera habitual por la gente, es ya su avance. Veamos más ejemplos de ello:

"Santo Niño Huachicolero".- En varias comunidades poblanas del "Triángulo Rojo" con presencia de "huachicoleros", hay personas que elevan sus oraciones a este niño que porta un bidón de gasolina y una manguera; se trata de un nuevo "santo" para proteger a quienes se dedican al "huachicol".

"Subsidio huachicolero".- En enero de este año el gobierno federal anunció que daría hasta ocho mil pesos por cada "huachicolero", estimando un millón 688 mil 447 delincuentes de 91 municipios de: Guanajuato, Hidalgo, Jalisco, Estado de México, Michoacán, Puebla, Querétaro, Veracruz y Ciudad de México, con la petición de que ya no se dedicaran al robo de combustible.

"Huachimemorial".- Se anunció su construcción por los muertos producto de la explosión provocada al robar combustible en Tlahuelilpan, Hidalgo. Como las autoridades no pudieron impedir el hecho, se les dio ya 15 mil pesos para las 157 familias "huachicoleras", lo que asciende a un total de dos millones 355 mil pesos.

La subcultura "huachicolera" va camino a su consolidación pues ese "huachimemorial", si es que se construye, hará las veces de un "Monumento al Huachicolero"; ya entrados en gastos, también podría instituirse el "Día del Huachicolero", con el Santo Niño por delante, los expendedores de gasolina aportarían para los festejos al ritmo de la cumbia del "huachicol".

Francisco Domínguez Brito, abogado dominicano, ha dicho: "Cuando asumimos la ilegalidad como la primera opción ante las responsabilidades cotidianas, individuales o colectivas, socavamos las bases de la democracia. Ser cada uno ejemplo de civismo es socialmente más eficiente en el largo plazo; la sociedad no termina con nosotros... continúa."

24 de abril de 2019

EL SANTO NIÑO DE ATOCHA

Corre la especie de que las abuelas le andan jalando las orejas al venerado Niño por el milagrito de Culiacán.

En la cultura del narco mexicana se ha dado un punto de inflexión, veamos:

Malverde.- Jesús Juárez Mazo "El Santo de los Narcos", que para muchos fue una especie de Robin Hood, fue un bandido oriundo de Sinaloa que siendo salteador de caminos hoy es venerado como santo por algunos. Malverde es un apodo derivado de "el Mal Verde", dado que realizaba sus asaltos entre la espesura verde del monte. Nació el 24 de diciembre de 1870 y falleció el 3 de mayo de 1909 en Culiacán, Sinaloa.

Aunque la Iglesia católica no lo considera como un santo, su culto se ha extendido más allá de su tierra natal, pues se le han levantado varias capillas en: Tijuana, Badiraguato, Ciudad Aldama, Los Ángeles y Colombia. Se le atribuyen milagros que puede realizar, los más populares por controvertidos son la protección a las personas dedicadas a la producción o tráfico de drogas ilícitas.

El Santo Niño de Atocha.- Es una advocación de la infancia de Jesús que está localizada en la Real Basílica de Nuestra Señora de Atocha en Madrid y se ha popularizado en España y América Latina. En México tiene diversos santuarios ubicados en: Fresnillo, Tuxtla Gutiérrez, Aguascalientes, Guadalajara y Matehuala.

Cuenta la leyenda que el primer milagro del santo fue la liberación de una mujer en 1829, quien estaba recluida por haber cometido un delito en el estado de Durango. Tras encomendarse al Niño, este se le apareció como un joven con el nombre de Manuel Atocha y presuntamente la encaminó hacia su ansiada liberación.

En la narcocultura los milagros de la Santa Muerte, Malverde o hasta San Juditas podrían entrar en un "punto de inflexión" hacia la baja, porque "El Ratón" portaba consigo un escapulario del Santo Niño de Atocha quien le hizo el milagrito al desatar el "Sitio de Culiacán", lo que a la postre impidió su captura y reclusión.

El poeta y monje vietnamita Thich Nhat Hanh ha dicho: "El milagro no es caminar sobre el agua. El milagro es caminar sobre la tierra verde en el presente, para apreciar la belleza y la paz de la que se dispone ahora".

19 de octubre de 2019

NIÑEZ ATACADA

Los hechos delictivos en Bavispe, Sonora, nos recuerdan que la violencia lejos de disminuir se recrudece ahora con los menores.

"Nosotros estamos en el ataque. Ustedes en la defensa. Ustedes tienen la manía del humanismo. Nosotros somos crueles, sin piedad. Ustedes nos transformaron en 'super stars' del crimen. Nosotros los tenemos de payasos… Ustedes nos olvidan cuando pasa el susto de la violencia que provocamos… Entiéndame, hermano, no hay solución. ¿Saben por qué? Porque ustedes no entienden ni la extensión del problema. Como escribió el divino Dante: 'Pierdan todas las esperanzas. Estamos todos en el infierno'…".

Las palabras de "Marcola" jefe de una banda de Sao Paulo denominada Primer Comando de la Capital, expresadas en una entrevista en la cárcel, denotan lo que ahora sucede en nuestro país y que podemos apreciar en las imágenes de los medios de comunicación nacionales e internacionales, así como en las narraciones de los familiares de los menores acribillados.

Aún es pronto para enterarse de los móviles y pormenores de la masacre, si es que se pueden saber algún día, por lo pronto tenemos:

Fallecidos. - México ha vivido hechos en donde los bebés, menores y mujeres madres son también objetivo del crimen organizado, lo que contribuye a una realidad cuyo desenlace será que el año 2019 se perfile como muy violento.

Percepción. - Ante la falta de condena pública al accionar de los grupos delictivos y de tareas que denoten justicia al respecto, el gobierno de los Estados Unidos de América ha ofrecido la ayuda a su similar mexicano, no sólo para contribuir a indagar el caso, sino para apoyar en la neutralización de la delincuencia organizada.

Recuperar la acción de gobierno en las partes del territorio nacional perdidas por la ausencia de control y legalidad, se antoja una tarea difícil y fuera de la agenda pública gubernamental.

El escritor francés Alphonse de Lamartine expresó: "A menudo el sepulcro encierra, sin saberlo, dos corazones en el mismo ataúd".

6 de noviembre de 2019

DELINCUENCIA PROMOVIDA POR EL PUEBLO

Las circunstancias orillarán a la gente a aumentar la compra de productos y servicios que ofrece en México la delincuencia organizada.

Lamentablemente el año 2020 no será positivo para las condiciones de seguridad, derivado principalmente del nulo crecimiento económico que impide mejores condiciones de bienestar, del poco control sobre los delincuentes y del incremento de inmigrantes ilegales en el país, veamos:

Compra de armas. - Las personas tenderán a comprar más armas ilegales para su propia defensa, pues 2019 tuvo el más alto registro en el índice delictivo y no se vislumbra una política nacional que lo disminuya.

Pago a "polleros". - Aquellos que buscan llegar a Estados Unidos de América pagarán más dinero a traficantes de personas para lograrlo, pues los precios por sus servicios se han incrementado.

Trata de personas. - El aumento de inmigrantes en la frontera norte del país eleva la demanda de fenómeno de la prostitución, por lo que la trata de mujeres y/o su desaparición, así como la corrupción de menores seguirá incrementándose.

Contrabando.- El mercado de los productos del contrabando seguirá desenvolviéndose como se ha mantenido en los últimos años, pues ofrece productos a bajo precio y sin pago de impuestos.

Compra de hidrocarburos.- La compra de combustibles seguirá llevándose a cabo ya que las gasolinas no bajan de precio.

Narcomenudeo.- Las drogas seguirán adquiriéndose en el mercado ilícito pues no hay política nacional que lo contenga.

Los anteriores productos y servicios de la delincuencia organizada adquiridos por la gente, ayudarán a fortalecer la economía ilegal de los grupos que los ofrecen. Son muy pocas las denuncias que se levantan por parte de ciudadanos, pues se benefician de los bienes ofertados, por lo que el incentivo para denunciar decrece.

Por lo tanto, la situación de inseguridad prevalecerá ya que perseguir estos mercados ilícitos es obligación primordial del Estado y al menos en este inicio de año, no se vislumbra una política sólida que se dirija a su atención.

El novelista argelino Albert Camus expresó: "Si el hombre fracasa en conciliar la justicia y la libertad, fracasa en todo".

2 de enero de 2020

NUEVOS JINETES DEL APOCALIPSIS

Cuatro serán las crisis que sucederán en nuestro país por la llegada del COVID19.

Si empleáramos el símil de los Cuatro Jinetes del Apocalipsis, descritos en el libro del "Apocalipsis" de la Biblia, en nuestros tiempos tendríamos:

Caballo blanco. - Cabalgado por el jinete de la conquista tendríamos al virus que llegó prácticamente a todo el orbe y que se manifestó como la crisis de los sistemas sanitarios de algunos países.

A la fecha, en México tenemos algunos augurios como: la falta de insumos para médicos, enfermeras y camilleros; los brotes de contagio en hospitales públicos; las compras de pánico del sector sanitario público; las versiones contradictorias de voceros oficiales en este tema y; los ataques al personal de la salud.

Caballo rojo.- Montado por el jinete de la guerra cuya expresión es la disputa entre los actores políticos por las medidas adoptadas, porque se privilegió el confinamiento por actividad económica mas que por enfermos o portadores.

Al aplicar las medidas que de esta visión se desprenden, se atenta contra las fuentes de empleo que deja a muchos trabajadores fuera, los empleadores han pedido ayuda y el gobierno no los apoya, lo que ha desatado una batalla declarativa que en poco ayuda a las personas que buscan conservar su empleo.

Caballo negro.- Cabalgado por el jinete del hambre en México se expresa en alimentos escasos o con precios altos, además, por el cierre temporal de restaurantes que expenden en sitio comida para la gente.

Esta situación se aúna a las personas sin empleo y exacerba la crisis, pues tenemos ya a los desempleados por un lado y a los alimentos escasos o caros por otro. Muestra de esta crisis y como detalle peculiar, es la actitud de algunos grupos delictivos para apoyar con despensas a la gente que lo necesita.

Caballo bayo.- Montado por el jinete de la muerte que llegará bajo la forma del incremento del índice delictivo, los homicidios no disminuyen y ya se dieron algunos brotes de violencia en los saqueos; algunos pobladores cierran vías de comunicación impidiendo el libre tránsito, todo esto sólo dentro de la fase inicial.

El corolario de las crisis será el aumento en otro tipo de delitos, pues los grupos criminales buscarán la forma de hacerse de recursos dentro del nuevo escenario nacional y algunas personas empujadas por la situación se volverán delincuentes.

Esperemos que estos caballos no tengan un nuevo compañero montado por el jinete de la ingobernabilidad.

Albert Einstein expresó: "Sin crisis no hay méritos. Es en la crisis donde aflora lo mejor de cada uno, porque sin crisis todo viento es caricia".

16 de abril de 2020

ENFERMOS, DESEMPLEADOS, VIOLENTADOS

Tres serán los saldos de los problemas contemporáneos y simultáneos que México padece.

La pandemia trae consigo sus propias contrariedades en la salud física y mental de las personas, sin embargo, el tratamiento genera al mismo tiempo otras de índole económico y de seguridad que señalaremos a continuación:

Enfermedad.- Según los datos oficiales los contagios de coronavirus al día 27 de mayo son: 78 mil 23, sin embargo, no sabemos de más ya que las pruebas a enfermos no hospitalizados en el país están fuera de la contabilidad todavía. Asimismo, el dato de muertes por la enfermedad es de ocho mil 597, lo que nos coloca en el octavo país con mayor número de decesos, según la Universidad John Hopkins.

Desempleo.- Oficialmente se ha dado una cifra de pérdida de empleo que es de 555 mil 247 en abril según el IMSS, pero recordemos que aún no cesa la pandemia y que la baja de ingreso del empleado informal es difícil de estimar. Por otra parte, la OIT estima que en este año habrá 2.3 millones de personas desempleadas, 400 mil más que al cierre de diciembre pasado.

Violencia.- Según cifras del SESNSP, en los datos correspondientes al mes de abril de este año, destaca el registro de 70 feminicidios y dos mil 950 homicidios dolosos; no olvidemos que en el mes de marzo ocurrieron tres mil 078 decesos por homicidio doloso y feminicidio, lo que nos da un total de seis mil 98 muertes durante los meses de la pandemia en México.

El anterior panorama no es halagador, pues quien resulta más afectada es la población en general que, por la composición mayoritaria en términos socioeconómicos, se trata del pueblo.

¿Los problemas de desempleo y violencia son inherentes a la pandemia?, o ¿la forma de atender la enfermedad ha provocado mayor desempleo, lo que a su vez impacta en la generación de la violencia?

El filósofo, sociólogo y político francés Edgar Morin ha expresado: "La política es el arte de lo incierto, lo que nos lleva a un principio de incertidumbre política generalizada".

28 de mayo de 2020

MUERTE: NORMALIZADA EN MÉXICO

Las noticias de los decesos por coronavirus o asesinatos aparecen como si fueran producto de un "orden natural" de las cosas.

Dos áreas de la vida nacional presentan hechos que derivan en el fallecimiento de personas, estos ámbitos son distintos, pero empiezan a tener puntos de coincidencia. Veamos algunos datos al respecto:

Asesinatos.– Los homicidios dolosos al mes de septiembre de este año suman 32,303 y los feminicidios 704, según cifras del Secretariado Ejecutivo del Sistema Nacional de Seguridad Pública, lo que nos da un total de 33,007 personas asesinadas en el país.

Coronavirus.- Al 29 de octubre tenemos 90,773 fallecidos por esta enfermedad, según cifras de la Secretaría de Salud del gobierno federal. Ocupamos el cuarto lugar de muertes en el mundo, sólo nos superan Estados Unidos, Brasil e India, países cuya población es muy superior a la nuestra.

Si sumamos las dos cantidades nos da un total de 123,780 personas fallecidas por los motivos señalados, lo que comparativamente significa que hubiera desaparecido por completo la población de Amozoc, municipio que tiene 117,244 habitantes.

Imagínense esta noticia en un diario de otro país: "¡no lo van a creer! la población de la ciudad de Tlaxcala ha desaparecido, pues los habitantes de la capital de la entidad federativa mexicana del mismo nombre, que sumaban 95,051 personas fallecieron todos".

Qué pensarían si la noticia por un canal de la televisión de otro país fuera: "escuchen bien, han muerto todos los pobladores de Cozumel, una isla en el Caribe mexicano que tenía 86,415 habitantes, hoy amanece desierta".

¿En dónde radica la cuestión? Tan sólo la cifra de fallecidos por coronavirus supera ya a la totalidad de la población cozumeleña, sin embargo, como las muertes por la violencia o por la enfermedad suceden poco a poco y se van contando de la misma manera sin resaltar su proporcionalidad, el impacto pierde fuerza en la forma de percibirlas.

La manera en que se presenta la situación de la inseguridad o insalubridad, expresadas en las cifras de muerte, aparece como si fuera parte del "orden natural" en que vivimos; algo así como oír decir: hay muchos muertos en México, ¡ah!, pues si, así es ese país.

El escritor estadounidense William Clement Stone expresó: "El pensamiento no va a superar el miedo, sino la voluntad de acción".

29 de octubre de 2020

CATEGORÍAS DE LAS MUERTES

Las muertes son apreciadas de distinta misma manera en nuestro país, algunas destacan, otras son menos prioritarias.

He comentado que en nuestro país la muerte tiene un significado doloroso al momento, pero aparece públicamente de formas muy diferentes en cada caso, veamos:

En el país.- A la fecha de este texto se han suscitado 155 mil 145 muertos por coronavirus, según la Secretaría de Salud. La Universidad Johns Hopkins publica comparativos de los fallecidos en donde se podrá observar el lugar que ocupa nuestro país, esperemos conocer el dato de la India para ubicar en números absolutos los totales. El dato final se dará a conocer en su momento por el INEGI, considerando la naturaleza de su conteo.

En Tamaulipas.- En este mes se conoció el hallazgo de 19 cuerpos calcinados y semicalcinados en la parte trasera de varias camionetas, luego de un supuesto enfrentamiento armado en los límites entre los estados de Tamaulipas y Nuevo León. Por las declaraciones públicas, el caso Camargo ha preocupado más a la Oficina en México del Alto Comisionado de las Naciones Unidas para los Derechos Humanos, que a las diversas instancias nacionales.

En Iguala.- El aseguramiento y muerte de los jóvenes por las policías municipales de la región en complicidad con la delincuencia organizada, ha suscitado un despliegue de grupos que apoyan a los deudos, incluyendo los de orden internacional.

Con sólo citarlos, sin adentrarnos en otros juicios, reflexionen sobre los hechos descritos teniendo presente las noticias en los medios de comunicación, las posturas de las personas, de los actores políticos y sociales para cada caso y compárenla con su valoración personal.

El poeta romano Marco Valerio Marcial expresó: "El verdadero dolor es el que se sufre sin testigos".

28 de enero de 2021

ANTES MUERTA QUE SENCILLA

Algunas mujeres aspiran a convertirse en "buchonas", una moda muy particular en nuestro país.

La detención de la esposa de "El Chapo" en los Estados Unidos de América ha traído consigo un sin numero de comentarios, resalto un tópico colateral relativo a la subcultura del narcotráfico.

El término "buchona" viene de la denominación del pecho de las aves donde almacenan comida y en sentido figurado, los mexicanos hacemos uso de la palabra para referirnos a quienes buscan ser las novias, amantes o esposas de los narcotraficantes.

El decálogo que caracteriza a las "buchonas" es:

1. Cuerpo: medidas 90-60-90 buscando más busto, cintura marcada y mucha cadera.

2. Ropa: entallada para presumir su figura.

3. Faja: suelen usarla para hacer más chiquita la cintura.

4. Cabello: largo o con extensiones, planchado o un poco ondulado de las puntas, jamás corto.

5. Maquillaje: fuertemente maquillada porque nunca sabe cuándo se va a encontrar al amor de su vida.

6. Uñas: largas, tienen que ser postizas y aguantar las piedras que van encima para adornar.

7. Accesorios: todos de marca en bolsa, pulsera, anillo y cinturón.

8. Música: gustan de la onda grupera, de banda y siempre duran con el tacón del principio al fin del baile.

9. Automóvil: prefieren usar camionetas con batea.

10. Lema: "Antes muerta que sencilla" es su mantra.

El peligro forma parte de la vida de las "buchonas" porque al inmiscuirse en un mundo de ilegalidad, se la juegan todos los días para poder disfrutar de sus gustos. Saben que el acceso a sus lujos pudo haber costado sangre, sin embargo, no les causa consternación alguna.

El periodista Alejandro Manjarrez expresaba: "La cantera popular es inagotable".

25 de febrero de 2021

NIÑEZ ARMADA

Guerrero ha sido una entidad con tradición violenta por lo que la actual niñez empuñando armas de fuego es sólo una más de sus manifestaciones.

La afirmación anterior se expresa de manera sencilla pero sus implicaciones son graves. En muchos momentos de la historia se registra el uso de menores en acciones violentas de diferentes maneras:

Niños soldados.- Con un papel activo en las acciones militares como fuerza combatiente; en este caso la niñez es reclutada, armada y entrenada como fuerza paramilitar. Puede incluirse en esta categoría a los "niños bomba" en acciones de combate de corte terrorista.

Niños informantes.- Empleados en funciones de apoyo a grupos sociales, políticos, delictivos u otros de diverso orden, para cumplir actividades de espías, como mensajeros, en el patrullaje o centinelas.

Niños utilizados.- Cuando los menores son ocupados para obtener una ventaja de orden político, sea como "escudos humanos", o con propósitos de propaganda en pos de un fin. En esta categoría pueden incluirse a la "niñez esclava sexual".

En los últimos tiempos en México hemos sido testigos del empleo de menores por el crimen organizado nacional, a lo que la jerga popular los denomina sicarios y halcones.

Por otra parte, también hemos visto que se emplea a menores como niños soldados, sea en función de autodefensas, como es el caso de Guerrero, o en grupos guerrilleros.

Una visión romántica diría que los menores se suman a una causa o que ese fue su destino, otra más pragmática mencionaría que son manipulados con fines deleznables por su falta de conciencia, en ambos casos se evidencian concepciones que manifiestan la actual podredumbre social.

Recordemos que el Día Mundial contra el Uso de Niños Soldado se celebra el 12 de febrero y que nuestro país ratificó hace 30 años la Convención sobre los Derechos del Niño de Naciones Unidas.

El poeta y dramaturgo noruego Henrik Ibsen expresó: "Traficamos con inmundicias y podredumbre. ¡Nuestra entera vida social, tan floreciente, se funda en una mentira!".

15 de abril de 2021

LA NIÑEZ DEL NARCO

Menores son reclutados o acuden por su propio pie a la delincuencia organizada por lo que las consideraciones morales dominantes pasan a segundo plano.

La organización Reinserta que trabaja en romper los círculos de delincuencia para mejorar la seguridad y el sistema penitenciario, presentó el estudio "Niñas, niños y adolescentes reclutados por la delincuencia organizada".

En el trabajo se mencionan las causas principales del fenómeno mediante los testimonios de niños, niñas y adolescentes reclutados por el narco, que vislumbran la realidad más brutal del medio del hampa.

Según la asociación, más de 30 mil niños han sido reclutados por el narco y entre las causas o motivaciones de la problemática se mencionan:

Protección: Las niñas, niños y adolescentes buscan seguridad y protección en los grupos de la delincuencia organizada.

Violencia: Entre los factores de vulnerabilidad de la niñez destaca la violencia intrafamiliar.

Drogas: El consumo de drogas ilícitas es el elemento que más vincula a la niñez a los grupos de la delincuencia organizada.

Educación: La niñez renuncia a sus estudios antes de ingresar a la delincuencia.

Edad: La edad de inicio del involucramiento de los menores es de 12 a 15 años.

Geografía: Las entidades fronterizas con Estados Unidos de América presentan mayores niveles de violencia y también son más diversas en actividades delictivas.

Cultura: La narcocultura es un factor que determina pautas a seguir y moldea la identidad y personalidad.

Religión: Los cárteles hacen uso de las creencias religiosas para establecer y fortalecer los lazos entre sus miembros.

Observar el fenómeno de la niñez del narco no pasa por la axiología dominante; una pauta sería un nuevo paradigma de entendimiento; estudios como el de Reinserta marcan el inicio.

En la entrevista a "Marcola", brasileño líder del Primer Comando de la Capital se lee: "Está delante de una especie de post miseria. Eso. La post miseria genera una nueva cultura asesina, ayudada por la tecnología, satélites, celulares, Internet, armas modernas. Es la mierda con chips, con megabytes. Mis comandados son una mutación de la especie social. Son hongos de un gran error sucio".

14 de octubre de 2021

EL DETERIORO SOCIAL

Las conductas que atentan contra la convivencia social aumentan día con día en México.

El INEGI presentó la Encuesta Nacional de Seguridad Pública Urbana con datos al tercer trimestre de 2021 y ha sido comentada en lo que respecta a delitos y ciudades inseguras.

Este artículo de opinión resaltará otros indicadores que también aporta la encuesta y nos muestran conductas que atentan contra la convivencia, uno de los fines de la seguridad pública como lo señala la Constitución General de la República en su artículo 21: "... La seguridad pública es una función del Estado a cargo de la Federación, las entidades federativas y los Municipios, cuyos fines son salvaguardar la vida, las libertades, la integridad y el patrimonio de las personas, así como contribuir a la generación y preservación del orden público y la paz social,...".

Veamos cuáles son esas conductas:

Consumo de alcohol en las calles: 60.2% de los mayores de 18 años refieren que es la conducta de mayor incivilidad, por encima del consumo de drogas ilícitas o el vandalismo.

Disparo de armas: 37.6% escuchó disparos frecuentes de armas de fuego, más que saber del huachicol, la presencia de bandas violentas o pandillas.

Cambio de hábitos por temor a la delincuencia: 53.4% cambió su hábito de llevar cosas de valor por temor ser víctima de la delincuencia.

Conflictos o enfrentamientos: 30.4% tuvo al menos un conflicto o enfrentamiento en su vida cotidiana.

Violencia en el entorno familiar: 7.5% de los hogares sufrió violencia de los cuales 15.3% la violencia fue con menores de edad.

Agresores: 49.5% de los agresores de la violencia familiar fueron personas sin parentesco y 21.9% fue el esposo o la pareja.

La virtud de la encuesta al presentar los datos señalados contrasta con la desventura del deterioro social que nos muestra.

El filósofo francés Jean-François Revel expresó: "La derrota cultural es la más abrumadora de las derrotas, la única que no olvidamos jamás, porque no podemos atribuirla ni a la propia desventura ni a la barbarie del adversario."

21 de octubre de 2021

LA LEGITIMIDAD DEL NARCO

Los grupos de narcotraficantes avanzan en la consolidación de su legitimidad en nuestro país.

Si consideramos que la legitimidad implica aceptación, los grupos delincuenciales, además de la coacción, buscan obtener legitimidad en los territorios donde medran con sus actividades ilícitas.

Veamos algunas acciones que han llevado a cabo en México:

Autodefensas.- Surgieron grupos de personas que ante la violencia sufrida se organizaron para defenderse, con el transcurso de los días se formó una simbiosis con la delincuencia organizada: unos aportaron gente y otros armas y así controlan el territorio para beneficio mutuo.

Control de delincuentes.- Para controlar el territorio la delincuencia organizada neutraliza de diversas formas a la delincuencia de orden común. Esto trae como consecuencia el que la población resienta en menor medida el actuar de ese tipo de delincuentes.

Apoyos sociales.- Los narcotraficantes llevan a cabo acciones en beneficio de la gente, lo que en otros ámbitos de la vida pública se conoce como desarrollo comunitario o colectivo. De esta forma la población obtiene un beneficio directo.

Empleo.- El proceso del cultivo, acopio, transformación, distribución y venta de drogas ilícitas genera una serie de empleos directos y otros indirectos que apoyan esta actividad, de tal suerte que amplias capas de la población tienen una forma de obtener ingresos suficientes para subsistir.

Acceso al desarrollo.- Al parecer ninguna política social le ha dado a la gente de bajos ingresos la posibilidad de acceder a las tecnologías de la comunicación, a difundir mensajes como grupo, al poder que deviene de poseer armas y en general a los beneficios del mundo contemporáneo, como lo ha hecho el narco con esos grupos sociales tradicionalmente desprotegidos.

Narcosubcultura.- La creación de programas televisados o por internet, canciones, lenguaje gregario y cultos sincréticos, van generando una subcultura propia del narcotráfico que tiende a difundirse no sólo en su medio, sino en la población en general.

Si a estas actividades de los narcotraficantes le agregamos la impunidad existente en el país, se va generando un contexto favorable a la aceptación de estos grupos delincuenciales. Ante ello, la aplicación de la ley tenderá a aparecer como ilegítima cada vez con más frecuencia.

Nicolás Maquiavelo expresó: "...si la violencia es coerción, el respaldo será consenso o legitimidad...".

7 de julio de 2022

EL MUSEO DEL NARCO

La parafernalia del tráfico de drogas ilícitas no conoce fronteras en nuestro país.

Marcos Kaplan divide al fenómeno del narcotráfico en: narcoeconomía, narcopolítica y narcosociedad; la subcultura del narco es una parte de esa sociedad narcotizada.

En Culiacán, Sinaloa, se construyó hace 113 años la Capilla de Jesús Malverde, un lugar en honor al delincuente de ese nombre y que es considerado por algunos como el "santo de los narcos"; este "santo" representa una forma muy depurada de construcción ideológica.

La figura de este delincuente entró en la religiosidad popular junto a otras como la Santa Muerte, de la que también se pueden encontrar representaciones junto a las imágenes del personaje.

En nuestro país tenemos otras formas de esta subcultura como los narcocorridos, los programas televisados o en plataformas tecnológicas, el lenguaje que no sólo usan los narcotraficantes, sino que se escucha hasta en los medios de comunicación.

La creación de un museo sobre el narco no sería una novedad como lo propone el alcalde de Badiraguato, Sinaloa, con el fin de atraer el turismo a su localidad, ya que el municipio es conocido por ser el lugar de nacimiento de los narcotraficantes más populares.

Badiraguato se encuentra ubicado a 80 kilómetros de Culiacán y ha sido el lugar de origen de reconocidos narcos como: El Mayo, Don Neto, los Beltrán, El Azul, El Chapo y Caro Quintero. Con el pretexto de reconocer la historia del municipio, el alcalde declaró que se ha de aceptar el nacimiento de los conocidos jefes en el municipio.

Como es ya costumbre, algunas fuentes dicen que las declaraciones se han interpretado "fuera de contexto" y han dicho que, efectivamente, se está construyendo un museo, aunque se ha negado que se destine a contener recolecciones o relatos concernientes al tema del tráfico ilícito de estupefacientes y sustancias psicotrópicas.

Contrario a la visión expresada por el alcalde, un museo de la naturaleza citada podría ser considerado por otros como apología del delito, lo que está penado en México.

Malcolm X expresó: "Con una hábil manipulación de la prensa, pueden hacer que la víctima parezca un criminal y el criminal, la víctima."

3 de noviembre de 2022

ESTRELLAS DEL CRIMEN

El término rockstar al traducirse como "estrella de rock" se usa para las celebridades de ese género musical.

Hoy tiene varios significados tanto positivos como negativos. A un médico se le puede decir después de una operación exitosa "eres un rockstar". La palabra se usa también como adjetivo para nombrar a personas creídas que se dicen muy buenas en lo que hacen y se autonombran o actúan como rockstar, lo que provoca que otras personas les digan: "se siente rockstar".

Veamos a los personajes que hemos convertido en las estrellas del crimen:

El Chapo.- Se escapaba de las cárceles como en una historia para las series televisivas: ¿El Túnel de la Libertad?; el medio artístico lo querría ver, hasta buscaron entrevistar a los que lo entrevistaban.

El Ratón.- Sin orden de cateo entonces intentaron darle un "levantón", lo soltaron y luego lo atraparon; los gobiernos quizá puedan sustraerse al contenido, pero no a las modas, es así como organizaron un concierto en la principal plaza pública del país y se escuchó su rola.

El exsecretario.- "Super policía" le decían, de otros países lo buscaban para pedirle sus servicios; terminó frente a las barandillas, no las de Iztapalapa, sino las de Nueva York, una ciudad cosmopolita por excelencia.

El Lazca.- Hubo una vez un operativo intenso para encontrar el cadáver del líder de "Los Zetas" que se fugó de una funeraria.

El narco de narcos.- Huyó con la novia del "jet set" local a Costa Rica, lo detuvieron y más tarde salió del "tambo"; al no aceptar sus servicios la deuda externa de México siguió creciendo.

Las consecuencias de tener estrellas del crimen: "Ojalá estemos a tiempo de evitar la mexicanización", frase que fue parte de un mensaje privado que el Papa, nacido en Argentina, le envió a un legislador de su país que luchaba contra el narcotráfico. "Estuve hablando con algunos obispos mexicanos y la cosa es de terror", le dijo Francisco a su interlocutor.

¿Conoceremos a nuestro Giovanni Falcone? de dudarse pues en nuestras latitudes se discute la probidad de los jueces sin documentos legales.

Andy Warhol expresó: "En el futuro, todos serán mundialmente famosos por 15 minutos".

23 de febrero de 2023

La paz en México es una noción más de orden ficticio que reflejo de la realidad nacional.

El mundialmente conocido Instituto para la Economía y la Paz (IEP) es un centro de ideas con sede en Sídney, Australia, además, el IEP tiene oficinas en Nueva York, la Ciudad de México y La Haya; es presidido por el empresario tecnológico Steve Killelea, fundador de Integrated Research.

El producto estelar del IEP es el Índice Mundial de Paz (GPI por sus siglas en inglés), que es considerado el de contrastación estudio por excelencia para medir la paz. El IEP también ha lanzado una serie de índices nacionales de paz, el primero fue el de Estados Unidos de América (USPI por sus siglas en inglés) en 2011.

Ahora bien, se dio a conocer el Índice de Paz México 2023 que proporciona una medición integral de los niveles de paz en nuestro país; el Índice analiza la violencia y la paz en el año anterior completo más reciente, así como las principales tendencias y factores que impulsan la paz. https://www.indicedepazmexico.org/

El estudio explora, entre otros temas, el panorama siempre dinámico de la delincuencia organizada, el aumento en la violencia de género y los impactos de la polarización política, con relación a los esfuerzos de contención de la violencia en nuestro país; veamos.

Países con altos índices de paz.- Entre los países con los mejores índice de Paz en el mundo, se ubican Finlandia e Islandia.

Países con bajos índices de paz.- En el fondo del estudio se situó a lugares con conflictos bélicos como Afganistán, Siria y Yemen.

Ubicación de México.- Ocupamos la posición 137 en el Índice de Paz Global en el que se evalúa a 163 países.

Gasto gubernamental.- Durante 2022 el gasto para seguridad pública y el sistema judicial fue de 0.6% del PIB nacional, menos que el promedio de los países de la Organización para la Cooperación y el Desarrollo Económicos (OCDE) que fue de 1.7%.

Entidades seguras.- Según la calificación que otorga el estudio a cada entidad mexicana, Yucatán es el estado con mayor índice de paz, seguido de Tlaxcala, Chiapas, Tamaulipas y Nayarit.

Entidades inseguras.- La entidad con el mayor nivel de violencia fue Colima, detrás de Zacatecas, Baja California, Guanajuato y Morelos.

Además, en el estudio se señala que la polarización política en el país se ha convertido en un tema de creciente preocupación nacional en los años recientes.

La Madre Teresa de Calcuta expresó: "La paz comienza con una sonrisa".

25 de mayo de 2023

LA "JUSTICIA CRIMINAL"

Surgen nuevos fenómenos delincuenciales que impactan la seguridad nacional.

Max Weber escribió: "Un Estado es una organización política constituida por un conjunto de instituciones burocráticas estables, a través de las cuales ejerce el monopolio del uso de la fuerza (soberanía) aplicada a una población dentro de unos límites territoriales establecidos".

Según nuestra legislación, en México el uso legítimo de la fuerza es ejercido por los gobiernos federal, estatal y municipal, sin embargo, tres fenómenos lo han cuestionado de facto, sea por la negligencia u omisión de los responsables de ejercerlo.

Control territorial.- Amplias franjas del territorio son controladas por la delincuencia organizada en diversos estados de la República, esto se denota en el cobro del "derecho de piso", la vigilancia en los accesos a poblaciones o los asaltos carreteros al transporte de mercancías. El gobierno americano ha estimado en un 30 a 35 por ciento de espacios "perdidos" ante la delincuencia.

Homicidios dolosos.- Son ya más de 170 mil homicidios en los últimos años, un período con las cifras más altas desde que se tiene registro oficial. ¿Cuántos de estos homicidios siguen impunes?, en mucho la delincuencia puede asesinar por la falta de control territorial ante el insuficiente despliegue operativo del estado de fuerza federal o local.

"Justicia criminal".- Dos jóvenes fueron obligados a caminar desnudos con carteles en el pecho y espalda por las calles del sector centro y al interior de una universidad en Guasave, Sinaloa. Siempre hubo un sujeto encapuchado quien los golpeaba de vez en cuando y amenazó que eso le iba a pasar a todo aquel que vendiera "vapeadores"; otra persona con el rostro cubierto con un pasamontaña grabó la escena.

En las grabaciones de tal acción se pudo apreciar en las cartulinas el mensaje siguiente: "Esto me pasa por andar vendiendo "vapes". Esto es un aviso para todos los 'chapulines' que faltan. A los demás les va a ir peor, ya los tenemos ubicados".

Trascendió que hubo llamadas al teléfono 911 para reportar el hecho, sin embargo, no llegaron policías a atender la denuncia. Esta es una práctica ya vista en la zona Centro – Norte del estado, donde obligan a marchar desnudos y son golpeados los llamados "chapulines", quienes venden por su cuenta "vapeadores".

Lord Byron expresó: "Apenas son suficientes mil años para formar un Estado; pero puede bastar una hora para reducirlo a polvo".

7 de diciembre de 2023

ARMAR NIÑOS

Ante la inseguridad la niñez se arma para proteger a sus familias y comunidades.

Nos hemos enterado de que 15 niños y cinco niñas fueron presentados como policías comunitarios de la Coordinadora Regional de Autoridades Comunitarias (CRAC), son veinte menores de edad en el poblado de Ayahualtempa, en el estado de Guerrero, entidad federativa de los Estados Unidos Mexicanos.

Algunos de esos menores se les vio portando rifles calibre 22, el arma reglamentaria para policías comunitarias en el estado. Un dirigente del Consejo de la Policía Comunitaria afirmó en el acto de presentación, que los menores se sumaron a la corporación por la falta de resultados de las autoridades para localizar a cuatro integrantes de una familia privada de la libertad y supuestamente llevados a territorio de "Los Ardillos".

https://www.elsiglodedurango.com.mx/noticia/2024/video-arman-a-ninos-contra-el-crimen-en-guerrero.html

En los anales de la historia se registra que en la Europa medieval se usaba a niños como escuderos, aunque su rol en los combates era limitado. La llamada Cruzada de los Niños en 1212 reclutó a muchos de ellos como soldados sin entrenamiento, con la idea de que el poder divino les permitiría vencer al enemigo. Los niños no llegaron a entrar en combate y la comitiva se dispersó.

Algunos de esos niños emprendieron el camino de regreso a casa, otros fueron a Roma y los restantes pudieron haber seguido el curso del Ródano hasta Marsella, donde probablemente fueron vendidos como esclavos; pocos volvieron vivos a sus casas y ninguno llegó a la Tierra Santa.

Actualmente hay niños soldados en: Birmania, Angola, Congo, Guinea, Namibia, Barbados, El Salvador, Guatemala, Afganistán y Mozambique.

Nuestro país ha adoptado la Convención sobre los Derechos del Niño que establece la obligación del Estado de proteger a niñas y niños de todas las formas de malos tratos y violencias, así como de establecer medidas preventivas y de atención en la materia.

De igual manera, los Estados Unidos Mexicanos formamos parte del Protocolo Facultativo a la Convención sobre los Derechos del Niño relativo a la participación de niños en conflictos armados, donde se establece que los Estados Parte deben hacer todo lo necesario para que los menores de 18 años no participen activamente en las hostilidades.

Con el caso de los niños armados de Guerrero empezamos a alejarnos de los países de la OCDE para acercarnos a las naciones en conflicto.

El psiquiatra estadounidense Karl A. Menninge expresó: "Lo que se les dé a los niños, los niños darán a la sociedad".

25 de enero de 2024

2.7. Propuestas electorales

SEGURIDAD Y ELECCIONES (I)

La inseguridad ha sido una de las primeras propuestas de los presidenciables.

Comentaremos los planteamientos de los aspirantes a la Presidencia de la República, empezando con quien más ideas ha expuesto.

La candidata de la coalición "Fuerza y Corazón por México" presentó:

1. Actuar con toda la fuerza y la capacidad del Estado: ninguna cortesía al crimen organizado.

2. Recuperar el respeto por la vocación las Fuerzas Armadas: retirar a los soldados y marinos de las tareas civiles y reenfocar sus labores al combate a las organizaciones criminales.

3. Nuevas policías con poder para vencer al crimen.

4. Un gran acuerdo nacional que convoque a los tres órdenes de gobierno, al Congreso Federal y a la sociedad para lograr la paz.

5. Justicia: duplicar el número de fiscales locales y federales, así como de juzgadores; invertir en laboratorios forenses para la identificación de cuerpos, subir el número de peritos; resolver el rezago de impartición de justicia y mejorar el marco normativo para proteger a las mujeres.

6. Volver a la Guardia Nacional "realmente Guardia" y "realmente nacional".

7. Uso de la tecnología y la inteligencia.

8. Construir al menos una prisión de máxima seguridad y alta tecnología. Sobre este punto, se señala que las prisiones federales podrán recibir personas de alto nivel de peligrosidad, en una tarea coordinada con los gobiernos estatales. También se señala el hacinamiento de personas en los centros penitenciarios, lo cual constituye una violación a los derechos humanos.

9. Contener y reducir a las organizaciones criminales más violentas y agresivas.

10. Construcción de 32 equipos policiales de reacción; prioridad en las bandas que se dedican a extorsionar a las comunidades y pequeños negocios, así como a quienes atacan a transportistas.

11. Garantizar un sistema de justicia cívica. Procurar un sistema que resuelva problemas civiles de manera rápida y expedita.

12. Derechos humanos como garantía de la paz. La búsqueda de personas desaparecidas será prioridad nacional; reconstruir instituciones que garantizar la protección de derechos humanos y; construir el mejor sistema de protección para defensores de derechos humanos.

13. Atención a víctimas, una prioridad del Estado. Se creará un Fondo Nacional de Atención a Víctimas. Atender a las madres buscadoras.

14. Construcción de un tejido social sólido. Mantener los programas sociales y reforzarlos. Promover la solidaridad social. Impulsar programas para disminuir adicciones. Tener un programa nacional permanente de desarme. Estrategia nacional de reconciliación social.

15. Prensa libre. En este apartado, se señala que habrá un mejor sistema de protección de periodistas, así como la construcción de políticas públicas para garantizar el ejercicio de la libertad de expresión.

16. Fortalecer cooperación internacional para la paz y la seguridad.

Sobre las instituciones: esboza fortalecer a las corporaciones de los tres órdenes de gobierno, la infraestructura en seguridad y las áreas de procuración de justicia.

La política de seguridad: la dirige hacia la delincuencia organizada, a la justicia cívica, a las consecuencias de la violencia y a la cooperación nacional y con otros países. Sus propuestas atienden la prevención, investigación y control del delito, así como a la readaptación social, áreas de la seguridad pública y de la seguridad nacional competencia del Poder Ejecutivo Federal.

El debate político: presenta ideas contrarias a las acciones imperantes y se dirige a una de las problemáticas nacionales en la materia.

7 de marzo de 2024

SEGURIDAD Y ELECCIONES (II)

La seguridad ha sido una de las primeras propuestas de los presidenciables.

Toca ahora comentar las propuestas de la candidata de la coalición "Sigamos Haciendo Historia" que presentó las propuestas siguientes:

1. "Honestidad y atención a las causas: enfatizó la importancia de la honestidad como principio fundamental en el ejercicio de gobierno. Subrayó la necesidad de abordar las causas subyacentes de la inseguridad, con un enfoque especial en la educación y el acceso a derechos para los jóvenes.

2. Consolidación de la Guardia Nacional: propuso fortalecer esta institución, sugiriendo que esté adscrita a la Secretaría de la Defensa Nacional y ampliando sus atribuciones para mejorar su eficacia en tareas de vigilancia y respuesta.

3. Fortalecimiento de la inteligencia e investigación: planteo la creación de un sistema nacional de inteligencia e investigación para la seguridad pública, con el objetivo de coordinar las diferentes áreas involucradas en la seguridad.

4. Coordinación en todos los sentidos: hizo hincapié en la importancia de la coordinación entre las distintas instituciones encargadas de la seguridad, tanto a nivel federal como estatal y

municipal, e incluso propuso la inclusión del Fiscal General de la República en el gabinete de seguridad.

5.	Reforma al Poder Judicial: abordó la necesidad de una reforma del poder judicial, no sólo en términos de elección de jueces y ministros, sino también para establecer un sistema de sanciones efectivas y mejorar la coordinación con las instituciones de seguridad".

Sobre las instituciones: propone un cambio de modelo de tener uno civil a transitar a uno mixto, con una Guardia Nacional militar que coexista con las actuales corporaciones civiles. Reformar la forma de designar impartidoras de justica para elegirlos ahora.

La política de seguridad: no aborda la problemática de la seguridad nacional y toca sólo una de las tres áreas de la prevención del delito que son las políticas sociales, en cuanto a la readaptación social no menciona ideas al respecto. En la seguridad pública propone mejorar la coordinación con gobiernos estatales y municipales, fortalecer la inteligencia criminal y la investigación del delito, lo que fortalece el control de la delincuencia.

El debate político: presenta algunas ideas acordes a las acciones imperantes y no toca explícitamente el principal problema de la violencia nacional que es generada por la delincuencia organizada.

14 de marzo de 2024

SEGURIDAD Y ELECCIONES (III)

La seguridad sigue colocándose como una de las primeras propuestas de los presidenciables.

En este espacio comentaré ahora las ideas del candidato del partido Movimiento Ciudadano que ha presentado en diversos momentos:

1.	La desmilitarización ordenada de la seguridad y de la gestión pública.

2.	Una política de seguridad ciudadana eficaz, con perspectiva de género y enfoque de derechos humanos.

3.   La autonomía plena del Poder Judicial y la profesionalización de la judicatura.

4.   Una reforma efectiva de las fiscalías.

5.   Una nueva política de drogas con enfoque de salud pública y de reducción de daños y riesgos.

6.   Justicia transicional para acceder a la verdad, la justicia, la reparación y la no repetición de las violaciones graves a los derechos humanos.

Sobre las instituciones: propone fortalecer un Poder de la República, el Judicial, en el área de los recursos humanos que lo apoyan. Plantea reformar las fiscalías, tanto la general como las de las entidades federativas, un asunto fundamental en virtud de la impunidad reinante en el país sea en delitos del fuero federal como en el fuero común. Adicionalmente ha planteado la profesionalización de los mandos de la seguridad, un pendiente en México y, reestablecer la Policía Federal de Caminos y Puertos, ante los asaltos y homicidios imperantes en las carretas del país.

La política de seguridad: se enfoca a la relación con los ciudadanos en la materia con perspectiva de género y justicia, esta última un tema que ha quedado pendiente por los altos nivales de impunidad que persisten en nuestro país. Da prioridad a los derechos humanos como parte de la política de seguridad, otro tema que ha sido relegado en los últimos años.

El debate político: presenta ideas diferentes a las acciones imperantes y propone un cambio de paradigma para atender una de las problemáticas nacionales en la materia que es la relacionada con las drogas, para avanzar de lo punible en cuanto al mercado, hacia la regulación de este.

Una vez comentado las propuestas de los presidenciables en materia de seguridad, ustedes lectores pueden reflexionar sobre sus alcances ¿cuál es su opinión?

21 de maro de 2024

3.- DE LA UTOPÍA A LA DISTOPÍA

El recuento del capítulo "Estado de la situación" refleja condiciones de existencia desagradables, negativas, opresivas o injustas: ¿una distopía?; esta noción se aparta de lo expresado por Tomás Moro en el texto Utopía donde expone una sociedad idealizada, cuyos anhelos particulares son determinados por el bien de la comunidad.

En una sociedad distópica el mundo se presenta como un sitio oscuro, desolado y sobre controlado porque la vigilancia es permanente, la pobreza extrema, la censura, la desigualdad social y la falta de recursos son sus características. En las distopías, los gobiernos son totalitarios, corruptos, autoritarios, opresivos, las libertades individuales y los derechos de las personas están restringidos o incluso suprimidos en las legislaciones.

Las distopías frecuentemente critican o alertan sobre los peligros de algunas ideologías, usos de las tecnologías o preferencias sociales extremas y son uno de los géneros populares en la literatura, el cine y otras formas de esparcimiento, algunos ejemplos notorios son 1984 de George Orwell, Un Mundo Feliz de Aldous Huxley y Los Juegos del Hambre de Suzanne Collins.

Diversas fuentes de información muestran un México en una situación similar al de una guerra convencional: feminicidios, secuestros, homicidios entre ellos de menores de edad, masacres, desaparecidos, cadáveres no identificados, fosas comunes y linchamientos; la impunidad es segura y la seguridad es incierta.

La "narco cultura" es signo de la descomposición social promovida por el "poder blando" de los "rockstar del crimen", su legitimidad crece y el Estado mengua entre otras razones porque la delincuencia organizada le ha dado al pueblo marginado armas, dinero, tecnologías de la información y comunicaciones para sumarlo a la posmodernidad, ninguna política social ha logrado tanto; el "halcón" recibe un pago de los delincuentes por sus servicios y del gobierno un apoyo por ser joven lo que termina subsidiando al crimen; hoy los niños se arman para defenderse; todo ello conforma un "tejido social negativo".

Claudio Lomnitz lo expresa como una "Conversión Evangélica, Reinserción Social, Teología del Valor Negativo" dividida en clase alta y media y clase lumpen – criminal (Lomnitz, 2023, pág. 191).

El pueblo va de compras a los mercados ilícitos: contrabando, productos "pirata" y robados en el comercio informal, hidrocarburos con los "huachicoleros", drogas ilícitas con los narcomenudistas, compra armas, madera y especies en peligro de extinción, busca a "polleros" para cruzar fronteras clandestinamente; paga a prostitutas en sitios relacionados con la trata de personas y algunos se benefician del "lavado de dinero" ¿se va superando al Narcoestado?

La inseguridad acrecienta la incidencia delictiva y sus nuevas modalidades. Algunos cárteles se transformaron en mafias, otros preservan el estatus y su "justicia criminal" castiga a extorsionadores y a otros delincuentes. El control territorial de la delincuencia se cristaliza en extorsiones, fosas clandestinas, expoliación de actividades productivas, golpizas, ejecuciones como una modalidad de su "justicia criminal", ejerce influencia en los procesos electorales penetra a las instituciones públicas para neutralizarlas. Salvo para las víctimas la violencia se normaliza en los territorios controlados.

Los cambios de gobierno no siempre devienen en resultados satisfactorios para la gestión pública, eso lo entendieron los delincuentes, sea por postura política, convicción, omisión, incapacidad, connivencia o complicidad, el resultado fue el mismo: los vacíos de poder se ocuparon y hoy la delincuencia cual jinete del apocalipsis, cabalga invadiendo los espacios del Estado, se extiende para conformar un "Estado paralelo" o un ¿"Estado mafioso"?

August Hanning, exdirector del Servicio Federal de Inteligencia de Alemania (BND) expresó sobre el BND: "... es responsable de indagar las consecuencias derivadas de la delincuencia organizada. Cabe señalar que en varios países la delincuencia organizada se sirve de sus enormes recursos financieros para corromper, extorsionar, penetrar y dominar estructuras estatales y sociales" (Hannig, 2000, p. 18). Inseguridad y "Estado paralelo" o "Estado mafioso" ¿qué puede suceder de esta combinación?, los escenarios son de utilidad para la inteligencia estratégica:

ESCENARIOS SOBRE LA INSEGURIDAD EN MÉXICO

El trabajo	La situación	Las variables
Elaborar escenarios de la inseguridad en México.	En el ámbito interno se han experimentado ajustes a las instituciones de seguridad federales, las corporaciones civiles de los tres órdenes de gobierno y las militares han ejecutado una política de seguridad y se ha suscitado un debate sobre los ajustes institucionales y los resultados de la seguridad pública y de la seguridad nacional. En el ámbito externo actores internacionales como gobiernos, instituciones y organizaciones civiles, han expresado críticas sobre la inseguridad en México generada por la delincuencia organizada y otras delincuencias.	Incidencia delictiva en delitos de orden federal y común: presenta un panorama de inseguridad regionalizado que en ocasiones impacta en las grandes ciudades, cuyas consecuencias se expresan en índices récord en la comisión de muchos tipos de ilícitos. Delincuencia organizada: control territorial con "poder duro y blando" y penetración en las instituciones públicas. Impactos socioeconómicos: homicidios, desapariciones, extorsiones, cadáveres no identificados, feminicidios, masacres, fosas clandestinas, pérdidas del patrimonio tangible e intangible de personas y empresas, percepción negativa sobre la situación de la seguridad.

PANORAMA INTERNO

	Favorable	Neutro	Desfavorable
Incidencia delictiva	Con tendencia a la baja	Sin cambio en la incidencia delictiva	Incremento de la incidencia delictiva
Política de seguridad	Fortalecimiento de las instituciones y la política de seguridad	Sin cambio en la política de seguridad	Deterioro de la política de seguridad e impacto negativo en las instituciones de seguridad
Impactos socioeconómicos	Reducción de los impactos	Sin cambio en los impactos	Incremento en los impactos y/o nuevos tipos de impactos

PANORAMA EXTERNO

	Favorable	Neutro	Desfavorable
Actores internacionales	Apoyo a la política nacional de seguridad	Críticas a la política nacional de seguridad	Ofrecimiento de intervención en la ejecución de la política nacional de seguridad
Delincuencia organizada trasnacional	Disminución de su presencia y acciones delictivas	Mantenimiento de acciones delictivas y control territorial	Incremento de acciones delictivas y control territorial
Debate político	Consenso en la política nacional de seguridad	Disminución de críticas de los actores sociopolíticos	Consenso crítico entre actores sociopolíticos nacionales e internacionales

Prosigue ahora relacionar ambos panoramas para elaborar tres escenarios:

CORRELACIÓN DEL PANORAMA INTERNO Y EXTERNO:
escenario favorable

Externo / Interno	Actores internacionales	Delincuencia organizada trasnacional	Debate político
Incidencia delictiva	Reconocimiento por la baja en la incidencia delictiva	Tendencia a la baja por la disminución de presencia y acciones delictivas	Consenso en la política de seguridad por la tendencia a la baja
Política de seguridad	Reconocimiento a la política de seguridad y a las instituciones	Reducción del control territorial y acciones delictivas por el fortalecimiento de la política de seguridad e instituciones	Consenso en la política de seguridad por el fortalecimiento de las instituciones
Impactos socioeconómicos	Contribución para mitigar los impactos	Reducción de los impactos por la disminución del control y acciones delictivas	Consenso en la política de seguridad por la reducción de los impactos
Resumen	Reconocimiento a la situación de seguridad	Delincuencia disminuida por la política de seguridad	Aceptación de la política de seguridad

Externo/Interno	Actores internacionales	Delincuencia organizada trasnacional	Debate político nacional
Incidencia delictiva	Críticas a la política nacional de seguridad por la incidencia delictiva	Sin cambio en la incidencia delictiva por las acciones y el control territorial	Sin cambio en la incidencia delictiva y disminución de críticas de los actores sociopolíticos
Política de seguridad	Críticas por la falta de cambios en la política de seguridad	Sin cambio en la política de seguridad y continuidad de las acciones delictivas y el control territorial	Sin cambio en la política de seguridad y disminución de críticas de los actores sociopolíticos
Impactos socioeconómicos	Críticas a la política nacional de seguridad por los impactos	Sin cambio en los impactos y continuidad de acciones delictivas y control territorial	Sin cambio en los impactos y disminución de críticas de los actores sociopolíticos
Resumen	Continuidad en las críticas por la situación de inseguridad	Situación de inseguridad continuada	Misma tendencia delictiva y disminución de la intensidad del debate político

Externo/ Interno	Actores internacionales	Delincuencia organizada trasnacional	Debate político nacional
Incidencia delictiva	Ofrecimiento de intervención en la ejecución de la política nacional de seguridad por el incremento de la incidencia delictiva	Incremento de la incidencia delictiva por el aumento de acciones y control territorial	Consenso crítico entre actores sociopolíticos nacionales e internacionales por el incremento de la incidencia delictiva
Política de seguridad	Ofrecimiento de intervención en la ejecución de la política nacional de seguridad por su deterioro e impacto nocivo en las instituciones de seguridad	El incremento de acciones delictivas y control territorial deteriora la política de seguridad con impacto negativo en las instituciones de seguridad	Consenso crítico entre actores sociopolíticos nacionales e internacionales por el deterioro de la política de seguridad y el impacto nocivo en las instituciones de seguridad
Impactos socioeconómicos	Ofrecimiento de intervención en la ejecución de la política nacional de seguridad por el incremento en los impactos y/o nuevos tipos de impactos	Incremento en los impactos y/o nuevos tipos de impactos por el incremento de acciones delictivas y control territorial	Consenso crítico entre actores sociopolíticos nacionales e internacionales por el incremento en los impactos y/o nuevos tipos de impactos

Resumen	Posibilidad de intervención externa ante la imagen de debilidad del Estado	Evolución cualitativa de la delincuencia organizada versus debilidad estatal	Deterioro de la función estatal de seguridad que cuestiona la gobernabilidad

El cuadro que a continuación se expone resume los escenarios que resultan de la situación, las variables, así como del panorama interno y externo al país:

PANORAMA INTERNO Y EXTERNO
DE LA SITUACIÓN DE INSEGURIDAD

FAVORABLE	NEUTRO	DESFAVORABLE
Reconocimiento a la situación de seguridad	Continuidad en las críticas por la situación de inseguridad	Posibilidad de intervención externa ante la imagen de debilidad del Estado
Delincuencia disminuida por la política de seguridad	Situación de inseguridad continuada	Evolución cualitativa de la delincuencia organizada versus debilidad estatal
Aceptación de la política de seguridad	Disminución de la intensidad del debate político	Deterioro de la función estatal de seguridad que cuestiona la gobernabilidad

En la transición al año 2025 los titulares de los distintos poderes públicos federales o locales, se encontrarán con alguno de los tres escenarios anteriores; de cuál sea su diagnóstico dependerá el tipo de las decisiones que adopten:

Decisión/ Escenario	Pasiva	Reactiva	Proactiva
Favorable (unidad)	Continuación de la política de seguridad	---	---
Neutro (estabilidad)	---	Ajustes a la política de seguridad buscando consensos internos	---
Desfavorable (crisis)	---	---	Cambio radical en la política de seguridad con apoyos internos y externos

El riesgo mayor que describe el escenario desfavorable es el producto de una situación distópica, crisis que puede anteceder al caos. Las decisiones podrían tomarse en función de los distintos escenarios a raíz del estado de la situación de inseguridad descrito.

De la voluntad de los actores políticos dependería cambiar para prevenir riegos, neutralizar amenazas y moldear el porvenir que no es destino manifiesto. Un futuro posible se erige desde el presente si es lo que se quiere realizar. Existe un reto nacional por afrontar.

Una salida a la situación distópica, de crisis o caos, puede buscarse en la justicia, en el apego a la legalidad, en el cambio de paradigmas y en la vigencia del Estado Constitucional de Derecho, no obstante, como lo expresó quien fuera primer ministro, el escocés Gordon Brown: "en materia de institucionalidad, los primeros 500 años son los más importantes".

Desde la Ciudad de los Palacios, mayo de 2024.

https://operacionseguridad.com/

Bibliografía:

García Anguiano, E. (2023a). *Inteligencia, todo es posible.* CREÁTI-CA editorial.

Hanning, A. (2000). Los servicios de inteligencia en el umbral del tercer milenio tomando como modelo al Bundesnachrichtendienst (BND). *Revista de Administración Pública*, (101), Artículo 3.

Hodara, J. (1984). *Los estudios del futuro: problemas y métodos.* Instituto de Banca y Finanzas, A. C.

Lomnitz C., (2023). *Para una teología política del crimen organizado.* Ediciones Era, El Colegio Nacional.

Cibergrafía del capítulo 2 Estado de la situación:

https://www.e-consulta.com/

https://www.angulo7.com.mx/

https://relevante.mx/

https://operacionseguridad.com/

INTELIGENCIA
ESTRATÉGICA
ESCENARIOS HACIA
MÉXICO 2025

OPERACIÓN SEGURIDAD
Primera edición: 2024

Se utilizaron las tipografías
Stempel Garamond 11/16 en el cuerpo
y sus familias para las cabezas
de texto y Avenir,
para los demás elementos.

Se terminó
en 2024
en:

CREÁTICA

editorial

La edición en papel
es bajo demanda y descarga de archivos
para leerse en dispositivos electrónicos.
bernechea@gmail.com